中等职业学校航空服务应用型人才培养规划教材

主编　辜英智

MINHANG FUWU LIYI

民航服务礼仪

编著　温善琨　杨　玲

四川大学出版社

责任编辑:高庆梅
责任校对:袁　捷
封面设计:墨创文化
责任印制:王　炜

图书在版编目(CIP)数据

民航服务礼仪 / 温善琨，杨玲编著. —成都：四川大学出版社，2015.8（2025.7 重印）
中等职业学校航空服务应用型人才培养规划教材 / 辜英智主编
ISBN 978－7－5614－8895－9

Ⅰ. ①民…　Ⅱ.①温…　②杨…　Ⅲ.①民用航空－乘务人员－礼仪－中等专业学校－教材　Ⅳ.①F560.9

中国版本图书馆 CIP 数据核字（2015）第 197519 号

书名　**民航服务礼仪**

主　　编　辜英智
编　　著　温善琨　杨　玲
出　　版　四川大学出版社
地　　址　成都市一环路南一段 24 号（610065）
发　　行　四川大学出版社
书　　号　ISBN 978－7－5614－8895－9
印　　刷　成都市新都华兴印务有限公司
成品尺寸　185 mm×260 mm
印　　张　10.25
插　　页　4
字　　数　170 千字
版　　次　2015 年 9 月第 1 版
印　　次　2025 年 7 月第 13 次印刷
定　　价　28.00 元

◆读者邮购本书，请与本社发行科联系。
电话：(028)85408408/(028)85401670/
(028)85408023　邮政编码：610065
◆本社图书如有印装质量问题，请寄回出版社调换。
◆网址：http://press.scu.edu.cn

中国东方航空公司妆容(一)

中国东方航空公司妆容(二)

上海航空公司妆容(一)

上海航空公司妆容(二)

中国国际航空公司妆容

女性民航服务人员发型整理步骤

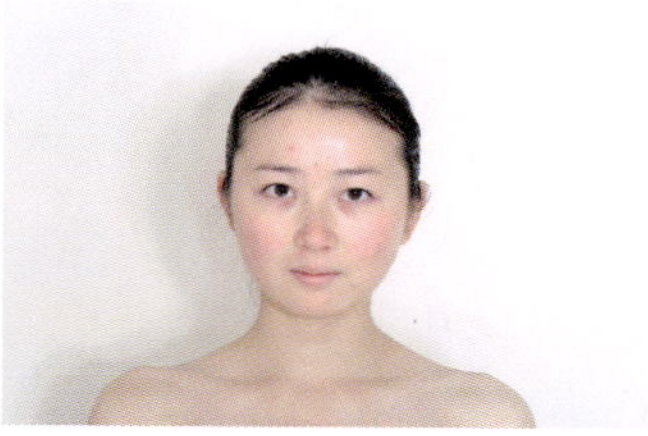

妆前照

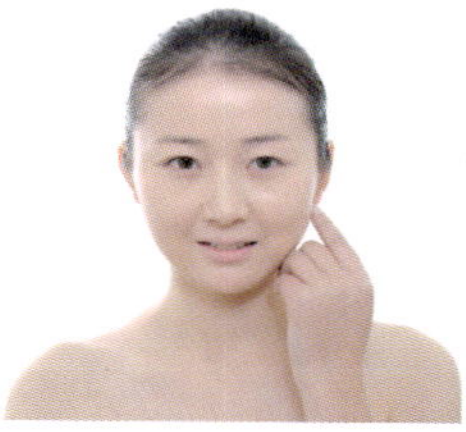

底妆

扫眉

眼影晕染、眼线、睫毛

腮红晕染

唇部修饰

完整妆面

整体形象展示

女性民航服务人员化妆步骤

打底勾勒轮廓

扫眉

眼部修饰

妆后效果

男性民航服务人员化妆步骤

中等职业学校航空服务应用型人才培养规划教材
编审委员会

总　序

随着社会的发展和科学的进步，人们生活水平不断提高，民用航空业发展迅速，呈现出爆发性增长趋势。

近年来，我国民用航空市场快速发展、潜力巨大，航空产业已形成颇具竞争力和影响力的航空经济发展模式，航空公司、机场、航空制造企业、航空维修企业、航空服务企业、航空教育与科研单位等对相关人才的需求与日俱增，为航空服务、航空市场营销等相关专业的毕业生提供了广阔的就业前景。

中等职业学校航空服务专业正是在这一背景下，适应市场需求而产生的。本专业立足于培养适应民航现代化建设需要，服务于生产和管理第一线，具有较高的思想政治素质的航空服务应用型人才。通过综合职业能力训练和全面素质的培养，使学生掌握从事民航旅客运输和管理的基本能力和技能，具有严谨的服务质量意识和良好的职业养成意识，熟悉航空服务的业务流程和工作要求以及有关的政策和法规，能灵活地运用航空英语及能商务礼仪，礼貌得体地与服务对象进行交往，能熟练地使用航空客舱各种设备和应急设备，具备空乘实务、空乘礼仪、语言能力、机舱救护能力、民航运输企业及航空商务管理与服务技能，能够为民航建设与发展做出自身贡献。

教材项目建设是一项系统工程，一定要体现民航学院的特色和成果，体现民航事业突飞猛进发展的时代特征和专业要求。为此，我们按照《中等职业学校航空服务应用型人才培养教材》的要求，注重实用性和适用性，将反映实际的教学设计和教学活动融入教材中，组织编写了这套中等职业学校航空服务应用型人才培养规划教材。

这套教材包括以下九种：《民航基础概论》《民航服务礼仪》《民航服务通用英语》《民航服务与沟通》《民航商务运输》《民航服务人员日常英语》《空中乘务实训指导》《民航安全检查实训指导》《民航空港地面服务实训指导》。主编辜英智，参与编撰的人员有王志鸿、刘天刚、王艺茹、黄代军、杨宇、罗娅兰、李洪祥、杨军、温善琨、杨玲、马秀英、周敏、唐冬、胡启潮、李清霞、石羽平等。其中，王志鸿负责整套教材的编审及统稿工作。在教材的编撰过程中，编撰者以严谨、认真的工作态度，反复斟酌、修改，力求以深入浅出的分析和生动具体的实例，编撰出能体现中等职业学校航空服务专业特色的系列教材，为我国民航事业的发展尽一份微薄之力。

教材的编撰，参考了一些相关文章和专著，引用了一些资料和图片，谨向这些著作的作者致以诚挚的谢意！教材的编撰和出版得到了成都东星航空旅游专修学院和四川大学出版社的大力支持。

成都东星航空职业学校教材编委会
2015 年 6 月

前　言

为客户提供安全、便捷、舒适的服务是航空服务的理念。空乘人员自身的礼仪以及所具有的素养一直是民航服务中最有特色的，也是最受好评的。空乘人员得体的妆容与独特的制服、优雅的言谈举止是民航服务礼仪中最基本的要求。空乘人员为乘客提供的服务不仅体现了空乘人员自身的素养，而且关系着航空公司的形象。

本书对民航服务礼仪的定义、特点进行了分析，并详细叙述了民航服务个性化的具体内容，力求为打造高质量、高标准的空乘服务提供前提条件。

在教材的编写过程中，编者参阅了相关的文章和著作，谨向这些文章和著作的作者致以诚挚的谢意！

编　者

2015 年 8 月

目　录

第一章　礼仪概述

知识目标

1. 了解礼仪的起源和发展。
2. 理解礼仪的概念和内涵。
3. 理解礼仪的特性与功能。

小知识　礼仪的发展

“礼”字古时候通“履”字，意为鞋子。穿上鞋更好走路，但鞋大了不行，鞋小了也不行，因此礼一定要适度。后来随着社会的不断进步，礼的含义也不断延伸，不断拓展。

礼仪的正式形成，应当始于奴隶社会。由于社会生产力的发展，原始社会逐渐解体，人类进入奴隶社会，这时的礼就被打上了阶级的烙印。为了维护奴隶主的统治，奴隶主将原始的宗教礼仪发展成为符合奴隶社会政治需要的礼制，并专门制定了一整套礼的形式和制度。周代出现的《周礼》《仪礼》《礼记》，即“礼学三著作”，标志着周礼已达到了系统、完备的阶段。

第一节　礼仪的起源和发展

一、礼仪的起源

关于礼的起源，说法不一。归纳起来有五种起源说：一是天神生礼仪；二是礼为天地人的统一体；三是礼产生于人的自然本性；四是礼为人性和环境矛盾的产物；五是礼生于理，起源于俗。

（1）从理论上说，礼的产生源于人类协调主客观矛盾的需要。

首先，礼的产生是为了维护自然的“人伦秩序”。人类为了生存和发展，必须与大自然抗争，不得不以群居的形式相互依存，使得人与人之间既相互依赖又相互制约。在群体生活中，男女有别，老少有异，既是一种天然的“人伦秩序”，又是一种需要被所有成员共同认定、保证和维护的社会秩序。人类面临着的内部关系必须妥善处理，因此，人们逐步积累和自然约定出一系列“人伦秩序”，这就是最初的礼。

其次，礼起源于人类寻求满足自身欲望与实现欲望的条件之间动态平衡的需要。对欲望的追求是人的本能，在实现欲望的过程中，人与人之间难免会发生矛盾和冲突，为了避免这些矛盾和冲突，就需要为“止欲制乱”而制礼。

（2）从具体的仪式上看，礼产生于原始宗教的祭祀活动。

原始宗教的祭祀活动是最早也是最简单的以祭天、敬神为主要内容的礼。这些祭祀活动在历史发展过程中逐步完善了相应的规范和制度，正式成为祭祀礼仪。随着人类对自然与社会各种关系认识的逐步深入，仅以祭祀天地鬼神祖先为礼，已经不能满足人类日益增长的精神需要和调节日益复杂的现实关系。于是，人们将事神致福活动扩展到了各种人际交往活动，从最初的祭祀之礼扩展到社会各个领域各种各样的礼仪。

二、古代礼仪的发展

礼仪在其传承沿袭的过程中不断变革，从历史发展的角度来看，其演变过程可以分四个阶段。

（一）礼仪的起源时期：夏朝以前（公元前21世纪前）

礼仪起源于原始社会，在原始社会中、晚期（约旧石器时代）出现了早期礼仪的萌芽。整个原始社会是礼仪的萌芽时期，礼仪较为简单和虔诚，还不具有阶级性。此时的礼仪包括明确血缘关系的婚嫁礼仪，区别部族内部尊卑等级的礼制，为祭天敬神而确定的一些祭典仪式，以及人们在相互交往中表示礼节和表示恭敬的动作。

（二）礼仪的形成时期：夏、商、西周三代（公元前21世纪至公元前771年）

人类进入奴隶社会，统治阶级为了巩固自己的统治地位，把原始的宗教礼仪发展成符合奴隶社会政治需要的礼制，礼被打上了阶级的烙印。在这个阶段，中国第一次形成了比较完整的国家礼仪与制度。如“五礼”就是一整套涉及社会生活各方面的礼仪规范和行为标准。

（三）礼仪的变革时期：春秋战国时期（公元前771年至公元前221年）

这一时期，学术界形成了百家争鸣的局面，以孔子、孟子、荀子为代表的诸子百家对礼教给予了研究和发展，对礼仪的起源、本质和功能进行了系统阐述，第一次在理论上全面而深刻地论述了社会等级秩序划分及其意义。古代的礼制典籍亦多撰修于这一时期，如周代的《周礼》《仪礼》《礼记》就是我国最早的礼仪学专著。在汉以后两千多年的历史中，它们一直是国家制定礼仪制度的经典著作。

孔子对礼仪非常重视，把“礼”看成是治国、安邦、平定天下的基础。他认为：“不学礼，无以立。”“质胜文则野，文胜质则史。文质彬彬，然后君子。”他要求人们用礼的规范来约束自己的行为，要做到“非礼勿视，非礼勿听，非礼勿言，非礼勿动”。倡导“仁者爱人”，强调人与人之间要有同情心，要相互关心、彼此尊重。

孟子把礼解释为对尊长和宾客严肃而有礼貌，即“恭敬之心，礼也”，并把“礼”看作是人的善性的发端之一。

荀子把“礼”作为人生哲学思想的核心，把“礼”看作是做人的根本目的和最高理想，“礼者，人道之极也”。他认为“礼”既是目标和理想，又是行为过程。“人无礼则不生，事无礼则不成，国无礼则不宁。”

管仲把“礼”看作是人生的指导思想和维持国家的第一支柱，认为礼关系到国家的生死存亡。

（四）强化时期：秦汉到清末（公元前221年至公元1911年）

在我国长达两千多年的封建社会里，尽管在不同的朝代礼仪文化具有不同的社会政治、经济、文化特征，但却有一个共同点：就是礼一直为统治阶级所利用，礼仪是维护封建社会等级秩序的工具。这一时期的礼仪的重要特点是尊君抑臣、尊夫抑妇、尊父抑子、尊神抑人。在漫长的历史演变过程中，它逐渐变成妨碍人类个性自由发展、阻挠人类平等交往、束缚思想自由的精神枷锁。

纵观封建社会的礼仪，内容大致有涉及国家政治的礼制和家庭伦理两类。这一时期的礼仪构成中华传统礼仪的主体。

三、现代礼仪的发展

辛亥革命以后，受西方资产阶级“自由、平等、民主、博爱”等思想的影响，中国的传统礼仪规范和制度受到强烈冲击。五四新文化运动对腐朽、落后的礼教进行了清算，符合时代要求的礼仪被继承、完善、流传，繁文缛节逐渐被抛弃，同时也接受了一些国际上通用的礼仪形式。新的礼仪标准和价值观念在这一时期得到推广和传播。新中国成立后，逐渐确立以平等相处、友好往来、相互帮助、团结友爱为主要原则的具有中国特色的新型社会关系和人际关系。改革开放以来，随着中国与世界的交往日趋频繁，西方的一些礼仪、礼节陆续传入我国，并同我国的传统礼仪一道融入社会生活的各个方面，构成了社会主义礼仪的基本框架。许多礼仪从内容到形式都在不断变革，现代礼仪的发展进入了全新的发展时期。大量的礼仪书籍相继出版，各行各业的礼仪规范纷纷出台，礼仪讲座、礼仪培训日趋红火，人们学习礼仪知识的热情空前高涨，讲文明、讲礼貌蔚然成风。今后，随着社会的进步、科技的发展和国际交往的增多，礼仪必将得到新的完善和发展。

第二节　礼仪的概念和内涵

一、礼仪的概念

（一）礼

礼的本意为敬神，后引申为表示敬意的通称。礼的含义比较丰富，它既可以指表示敬意和隆重而举行的仪式，也可泛指社会交往中的礼貌礼节，是人们在长期的生活实践中约定俗成、共同认可的行为规范。礼仪还特指奴隶社会、封建社会等级森严的社会规范和道德规范。在《中国礼仪大辞典》中，礼被定义为特定的民族、人群或国家基于客观历史传统而形成的价值观念、道德规范以及与之相适应的典章制度和行为方式。礼的本质是“诚”，有敬重、友好、谦恭、关心、体贴之意。“礼”是人际交往乃至国际交往中，相互表示尊重、亲善和友好的行为。

（二）礼貌

礼貌是指人们在交往过程中相互表示敬意和友好的行为准则和精神风貌，是一个人在待人接物时的外在表现。它通过仪表及言谈举止来表示对交往对象的尊重。它反映了时代的风尚与道德水准，体现了人们的文化层次和文明程度。

（三）礼节

礼节是指人们在日常生活中，特别是在交际场合中，相互表示问候、致意、祝愿、慰问以及给予必要的协助与照料的惯用形式。礼节是礼貌的具体表现，具有形式化的特点，主要指日常生活中的个体礼貌行为。

二、礼仪的含义

礼仪包括“礼”和“仪”两部分。“礼”，即礼貌、礼节；“仪”，即“仪表”“仪态”“仪式”“仪容”，是对礼节、仪式的统称。

礼仪是人们在各种具体交往中，为了表示相互尊重，在仪表、仪态、仪式、仪容、言谈举止等方面约定俗成的、共同认可的规范和程序。

从广义的角度看，礼仪是指人们在社会交往中的行为规范和交际艺术。狭义的礼仪是指在较大或隆重的正式场合，为表示敬意、尊重、重视举行的合乎社交规范和道德规范的仪式。

三、礼仪的内涵

礼是一种社会道德规范，是人们社会交际中的行为准则。礼、礼貌、礼节、礼仪都属于礼的范畴：礼貌是表示尊重的言行规范，礼节是表示尊重的惯用形式和具体要求，礼仪是由一系列具体表示礼貌的礼节所构成的完整过程。“礼貌”“礼节”“礼仪”三者尽管名称不同，但都是人们在相互交往中表示尊敬、友好的行为，其本质都是尊重人、关心人。三者相辅相成，密不可分。有礼貌而不懂礼节，往往容易失礼；谙熟礼节却流于形式，充其量只是客套。礼貌是礼仪的基础，礼节是礼仪的基本组成部分。礼是仪的本质，而仪则是礼的外在表现。礼仪在层次上要高于礼貌、礼节，其内涵更深、更广，它是由一系列具体的礼貌、礼节所构成的；礼节只是一种具体的做法，而礼仪则是一个表示礼貌的系统、完整的过程。

第三节　礼仪的特性与功能

一、礼仪的特性

（一）普遍性

古今中外，从个人到国家，礼仪无时不在，无处不在。凡是有人类生活的地方，就存在着各种各样的礼仪规范。远古时候，人类为了求生存要祭神以求保护，这种礼仪形式至今在一些偏僻地区依然存在，如在春节时，家家户户要摆起烛台祭祖宗，祭天神、地神和灶神，以求来年风调雨顺，阖家幸福。这是人类一种美好愿望的寄托。尽管有封建迷信的色彩，但仍旧作为一种礼仪而存在。现代社交礼仪的内容已渗透到社会的方方面面，从政治、经济、文化领域，到人们的日常生活，礼仪活动普遍存在。

（二）继承性

中国素有“礼仪之邦”之称，人类的礼仪文化自然也源远流长。在礼仪发展的源流中，礼仪文化的发展是一个扬弃的过程，是一个剔除糟粕、继承精华的过程。那些反映劳动人民精神风貌、代表劳动人民道德水平和气质修养的健康高尚的礼仪得到了肯定和发扬，而那些代表剥削阶级帝王将相封建迷信的繁文缛节得以清除。这种变迁不仅反映了人类礼仪的一脉相承，也反映了礼仪在继承过程中得到了丰富和发展，更突出了人类对那些代表礼仪本质的东西的倾心向往。可见，礼仪变化的继承性必将随着人类历史的不断进步而发展。

（三）差异性

人说“百里不同风，千里不同俗”。不同的文化背景产生不同的礼仪文化，不同的地域文化决定着礼仪的内容和形式。连简单的见面问候致意的形式也大不一样，有脱帽点头致意的，有拥抱的，有双手合十的，有手抚胸口的，有口碰脸颊的，当然更多的还是握手致意。

礼仪除了有地或性的差异外，还有等级上的差别，对不同身份和地位的对象要施以不同的礼仪。例如，同样是宴会，但会因招待对象身份和地位的差别而有所不同。

（四）时代性

礼仪作为一种文化范畴，必然具有浓厚的时代特色。时代的特色对文化冲击的烙印是巨大的，可以说，每个时代的文化正是时代变迁的缩影，而礼仪文化也如此。辛亥革命的爆发，猛烈地撞击了封建社会的上层建筑及意识形态，也影响到了人们日常生活的方方面面，于是就造就了一代新风尚。可见，礼仪文化总是一个时代的写照。而丰富多彩的服饰文化既是现代人丰富的内心世界的反映，也是社会改革开放的投影。

（五）发展性

时代在不断前进，礼仪文化也不是一成不变的，它随着社会的进步而不断发展。一方面，礼仪文化随时代的不断进步而时刻发生着变化。例如，现代人所拍发的礼仪电报、电视点歌祝寿贺喜等礼仪形式。另一方面，随着国家对外交往的不断扩大，各国的政治、经济、思想、文化等诸多因素互相渗透，我国的传统礼仪自然也被赋予了许多新的内容。礼仪规范更加国际化，礼仪变革向符合国际惯例的方面发展。这种礼仪文化的培养和形成有助于我们的国家走向世界，有助于我们的国家更好地与国际接轨，成为地球村上一个真正的礼仪之邦。

二、礼仪的功能

（一）教育功能

礼仪是人类社会进步的产物，是传统文化的重要组成部分。礼仪蕴涵着丰富的文化内涵，体现着社会要求与时代精神。礼仪通过评价、劝阻、示范等教育形式纠正人们不正确的行为习惯，指导人们按礼仪规范的要求去协调人际关系，维护社会正常生活。让国民都来接受礼仪教育，可以从整体上提高国民的综合素质。

（二）沟通功能

礼仪行为是一种信息性很强的行为，每一种礼仪行为都表达一种甚至多种信息。在人际交往中，交往双方只有按照礼仪的要求，才能更有效地向交往对象表达自己的尊敬、敬佩、善意和友好，人际交往才可以顺利进行和延续。热情的问候、友善的目光、亲切的微笑、文雅的谈吐、得体的举止等，不仅能唤起人们的沟通欲望，彼此建立起好感和信任，而且可以促成交流的成功和范围的扩大，进而有助于事业的发展。

（三）协调功能

在人际交往中，无论是何种关系，维系人与人之间沟通与交往的礼仪都承担着十分重要的润滑剂作用。礼仪的原则和规范约束着人们的动机，指导着人们立身处世的行为方式。如果交往的双方都能够按照礼仪的规范约束自己的言行，不仅可以避免某些不必要的感情对立与矛盾冲突，还有助于建立和加强人与人之间相互尊重、友好合作的新型关系，使人际关系更加和谐、社会秩序更加有序。

（四）塑造功能

礼仪讲究和谐，重视内在美和外在美的统一。礼仪在行为美学方面指导人们不断地充实和完善自我，并潜移默化地熏陶着人们的心灵。人们的谈吐变得越来越文明，装饰打扮变得越来越富有个性，举止仪态越来越优雅，越来越符合大众的审美原则，并体现出时代的特色和精神风貌。

（五）维护功能

礼仪作为社会行为规范，对人们的行为有很强的约束力。在维护社会秩序方面，礼仪起着法律所起不到的作用。社会的发展与稳定，家庭的和谐与安宁，邻里的和谐，同事之间的信任与合作，都依赖于人们共同遵守礼仪的规范与要求。社会上讲礼仪的人越多，社会便越和谐稳定。

礼仪是指人们在社会交往中由于受历史传统、风俗习惯、宗教信仰、时代潮流等因素的影响而形成的，既为人们所认同、又为人们所遵守的，以建立和谐关系为目的的各种符合交往要求的行为准则和规范的总和。

礼仪是人们在生活和社会交往中约定俗成的，人们可以根据各式各样的礼仪规范正确把握与他人的交往尺度，合理处理人与人的关系。如果没有这些礼仪规范，人们在交往中会感到手足无措，甚至失礼于人，闹出笑话。所以熟悉和掌握礼仪，就可以做到触类旁通，做到待人接物恰到好处。礼仪也是塑造形象的重要手段。总之，一个人讲究礼仪，就可以变得充满魅力。

第二章　民航服务概述

知识目标

1. 理解服务的概念。
2. 理解民航服务的概念。
3. 明确民航服务人员的职业礼仪素养。

案例　首届民航服务礼仪竞赛　民航服务行业广受好评

2014年12月2日，青海省第十届职工职业技能竞赛全省首届民航服务礼仪竞赛在青海机场有限公司举办，来自西宁机场、格尔木机场、德令哈机场的多个代表队参加比赛。近年来，西宁航空服务行业秉承“真心、耐心、细心、诚心、爱心”的服务理念，多次贴心帮助困难旅客，受到广大旅客的好评。

记者从现场了解到，本次服务礼仪竞赛设个人赛和团体赛共五个项目。个人赛分别是民航贵宾服务应急处理问答、民航客运服务礼仪知识竞赛、酒店餐饮摆台服务技能竞赛，团体赛为民航贵宾服务流程展示和客运服务情景模拟。记者看到，参赛选手们结合工作中的实际案例，按照服务管理体系，模拟展示民航服务流程和日常服务规范，有效运用沟通技巧，解决日常工作中遇到的服务难题，营造温馨、舒适的乘机环境，为旅客提供满意的服务。

据了解，近年来，青海民航事业正在迅速发展，机场作为民航产业的重要一员，是助力民航发展的主力军。本次竞赛紧密围绕活动主题，以提高职工素质、提升服务品质为目标，以创新服务竞赛活动为载体，通过评选优质服务和特色服务，调动广大员工积极性，创新服务方式、拓展服务项目、深化服务品牌建设，全力助推青海民航事业发展，更好地为全省经济社会发展大局服务。

第一节 服务的概念及释义

一、服务的概念

根据《现代汉语词典》的解释，我们这样来定义服务：服务就是为他人利益或为某种事业而工作，以满足他人需求的价值双赢的活动。服务是一种人与人之间的沟通与互动。

由此，可以看出服务有以下几层意思：

第一，服务的目的是满足客人（或他人、组织）的需求。

第二，服务是一个互动的交流过程。

第三，服务的结果是双赢。

二、服务的释义

服务就是SERVICE，其每个字母都有着丰富的含义。

（一）S—Smile（微笑）

其含义是服务员应该对每一位旅客提供微笑服务，微笑服务是最基本的服务要求。

（二）E—Excellent（出色）

其含义是服务员应将每一个服务程序、每一个微小服务工作都做得很出色。

（三）R—Ready（准备好）

其含义是服务员应该随时准备好为旅客服务。

（四）V—Viewing（看待）

其含义是服务员应该将每一位旅客看作是需要提供优质服务的贵宾。

（五）I—Inviting（邀请）

其含义是服务员在每一次服务结束时，都应该显示出诚意和敬意，主动邀请旅客再次光临。

（六）C—Creating（创造）

其含义是每一位服务员应该想方设法创造出使旅客能享受其热情服务的氛围。

（七）E—Eye（眼光）

其含义是每一位服务员应该始终以热情友好的眼光关注旅客，适应旅客心理，预测旅客要求，及时提供有效的服务，使旅客时刻感受到服务员在关心自己。

第二节　民航服务概述

民航服务是由民航业单位（员工）提供的，为满足民航旅客（客户）需要而从事具体工作，从而实现旅客与民航价值双赢的活动过程。它包括民航地面服务、空中服务以及行李托运等与旅客出行紧密相关的活动内容。

一、民航服务原则

（一）真诚服务

1. 真诚的概念

真诚一般指的就是真实、诚恳、没有一点虚假。

真诚要求民航员工做人做事要摆正自己的位置，要安分守己，要注重自身的品德修养，从而成为一个真诚的人。要做一个真诚的人，就要做到以下三点：一是勤于学习，二是勤于事务，三是懂得耻辱。

2. 真诚的具体表现

真诚的具体表现：时刻为旅客的利益着想。

3. 真诚的对立面

真诚的对立面：对旅客的欺骗。

（二）感恩服务

1. 感恩的概念

感恩即是对他人所给的帮助和恩惠表示感谢和感激之情谊。感恩是很好的习惯。

2. 感恩服务

感恩服务，即以一颗感恩的心去善待、呵护旅客，用心服务，用心沟通。

二、民航企业服务存在的问题

由于民航安全的需要，一些民航企业管理者往往过分强调权力一面（权力要求下级对上级的服从和服务），而忽视服务下级的一面。这样的企业关系让员工无所适从。一方面，员工要服务于旅客，让旅客满意是职业的需要；另一方面，员工要服从或服务于上级，让上级满意是直接的生存需要。而当这两方面的服务要求发生冲突时，两种完全相反方向的作用力，常常让员工有被撕裂的感觉——该让谁满意？这会造成员工的困惑。

三、正确的民航服务关系

公司内部正确的服务关系应该是管理者为员工服务，员工为旅客提供满意服务。管理者为员工服务应该做到以下几点：

（1）公司政策应鼓励与支持员工在保证安全的前提下尽量为旅客着想，为旅客提供方便、满意的服务。

（2）公司的管理者应转变观念，全心全意为员工服务，实实在在地解决员工工作、生活中面临的各种问题，为员工解除后顾之忧。

（3）面对服务失误，管理者应主动承担责任，然后再寻找补救的方法。

第三节　民航服务人员的职业礼仪素养

民航服务礼仪其实就是一种行为规范，是指民航服务人员在机场地勤、飞机客舱的服务工作中应遵守的行为规范，它具体是指一整套的民航服务人员的行为规范。

一、民航服务礼仪的重要意义

（1）有助于提高民航服务人员的个人素质。

（2）有助于表示对旅客的尊重。

（3）有助于提高航空公司的服务质量和服务水平。

（4）有助于塑造良好的航空公司整体形象。

（5）有助于提高航空公司的经济效益和社会效益。

二、民航服务人员职业礼仪素养

在专业航空服务礼仪中，民航服务人员需要具备的职业素养都是按照民航服务礼仪的要求进行特别的设计和培训出来的。

（一）制服的要求

民航各个岗位的员工必须按要求规范着装，力求干净、整洁和美观，并与各自岗位的特性保持和谐，带给乘客一种清新、端庄、稳重和可信赖的视觉印象。例如，空乘人员的服装最基本的要求就是要和谐统一。在空乘人员执行飞行任务时，最基本的要求就是工作人员必须穿着航空公司的制服并佩戴好号码牌及特色牌。也正是为了这种特色服务，空乘人员在每次执行飞行任务之前，都要认真检查制服，并按规定提前把制服洗干净、熨烫平整，按照统一要求进行着装，不得随意地增减和搭配。空乘人员需要在每一次的飞行工作中坚持按照规定穿干净整洁的制服，严禁服装出现褶皱、破损或者有污渍和异味。这样做不仅是为了展示空乘人员自身的外在美丽形象，更是为了培养民航服务人员良好的职业素质，让他们在工作中时刻养成规范的工作习惯，给乘客留下好的印象。

（二）仪容仪表的统一

在每次执行飞行任务之前，空乘人员均需按照航空公司的要求化妆。女性乘务员化妆必须端庄和淡雅，妆容不宜过浓，更不能喷洒香味浓郁的香水；男性乘务员化妆需整洁大方。拥有美丽的外表是空乘人员的必备要素，但是想要成为合格的空乘人员，除了外表美丽外，还需要有得体的仪容和仪表。需要特别强调的是，因为仪容和仪表是空乘人员留给旅客对航空文明服务的首要印象，在工作中长期保持得体的仪容和仪表，能够培养空乘人员的文明和礼貌素养，从而能在日常的工作中潜移默化地提高空乘人员的内在素质，增强他们的职业自信心。当然，航空公司之所以这样规定，主要还是为了体现他们对旅客的尊重。

（三）言谈举止的规范

举止优雅、言谈得体是一种良好涵养的表现，也是民航服务礼仪中一种软实力的表现。这需要每个民航服务人员自身的努力，它能体现出民航服务人员的基本职业素质。举止优雅，能给乘客以视觉享受；而言谈得体，可让乘客感觉到顺耳动听，从而提高乘客对服务质量的评价。文明和优雅的举止、礼貌和得体的语言均会提高航空公司的服务质量，提高乘客对航空公司服务的满意度。这可为航空公司赢得良好的社会口碑，进而吸引大量的客户资源，提高其经济效益。

（四）亲和力的具备

亲和力主要是服务行为的工作人员内在综合素质的外在表现，它具有后天培养性和无规范性。亲和力无法进行考核和检查，但它却是民航服务人员必须具备的良好素质之一。

在民航服务礼仪中，亲和力主要来源于人与人之间相处后的认同感。亲和力并不是由人与人之间距离的远近所决定的，而是人与人心灵上的契合和通达，属于一种在平等待人的基础上建立的相互利益转换的一种行为。亲和力必须以善良的品质和博爱的胸怀为依托，属于一种发自内心的、能给人舒适感的素养。对于大多数乘客而言，民航服务人员从职业性质出发的微笑就很有亲和力，这种微笑向人表达的是善意、友好和尊重。例如，乘务员的微笑能消除乘客飞行中的陌生感及恐惧感。在极具亲和力的基础上进行各类细致周到的服务，能在短暂的时间里使乘务员和旅客建立起一种友善的人际关系，从而方便双方之间的相互理解与沟通，有利于各项服务工作的开展。

第三章　民航服务人员的礼仪形象塑造

知识目标

1. 了解民航服务人员基本仪容知识。
2. 掌握民航服务人员职业着装及配饰规范。

小知识　我国各大航空公司经典妆容

1. 中国国际航空公司

黑色制服桃红系列——紫色系眼影，粉色腮红，桃红色口红。

红色制服橘色系列——棕色系眼影，橘色腮红，橘色口红。

2. 中国南方航空公司

乘务长蓝色制服——蓝色系眼影，橙色腮红，橙色口红。

乘务员红色制服——①大地色系眼影，桃红色腮红，桃红色口红。

②紫色系眼影，桃红色腮红，大红色口红。

3. 中国东方航空公司

典雅红唇妆——以新制服中典型中国风青花瓷花纹为灵感。在干净、白皙的底妆基础上，运用棕色系眼影打造眼部立体感，使双眼更深邃。搭配象征柔美、高贵的女性韵味的红唇是该妆容的点睛之笔。

时尚湖蓝眼妆——给人一种时尚而又具有亲和力的感觉，眼部以与制服同色系的湖蓝色为主，明亮的色泽，蓝绿变幻的色彩，衬托出暗色调的制服。

4. 上海航空公司

优雅婉约妆——不同质地的结合表现光影，呈现立体五官和脸部轮廓。斜型粉色腮红的运用既塑造立体脸庞又增加气色。此款妆容整体选择裸色系，弱化色彩，凸显精致五官，呈现东方女性清新、自然、大方的气质。

时尚魅力妆——在完美、立体、无瑕的底妆基础上，选择紫粉色眼影，呼应新制服的色彩。运用紫色和浅粉色深浅关系，塑造立体眼型。搭配裸粉色唇色，体现女性独特的柔美、高贵气质。

5. 海南航空公司

粉红色系——眼影和口红均选择粉红色系，腮红选择米黄色，烘托出海南航空公司首航乘务员年轻气息。粉色象征年轻、浪漫、有朝气，似芭比娃娃般甜美动人。

紫色系——采用梦幻紫色系作为主色调，非常浪漫而且适合大多数人，眼影与口红均选择紫红色，腮红选择淡米肤色，烘托出乘务员端庄典雅的气质。

（部分航空公司妆容参见彩图）

第一节　民航服务人员基本的仪容礼仪

随着我国民航事业的不断发展和各航空公司之间竞争的日益激烈，直接为旅客服务的航空服务人员的形象和工作态度对航空公司占领市场、赢得更多的客源起着至关重要的作用。民航服务人员的形象礼仪不仅关系着航空公司的形象，而且还关系着国家、民族的精神风貌。民航服务人员在为旅客提供高质量的服务时，其干净整洁的仪容仪表也是其中的一环，它能带给旅客舒心、受尊重的感受。

一、民航服务人员化妆基本要求

化妆是一种尊重自己、尊重他人的表现形式。化一个得体、大方、简约、素雅的职业妆，既可以体现良好的职业素养，又可以展现良好的精神面貌。

航空服务人员以其美丽、端庄、大方的外表给人们留下了固定的形象特征。要具备这种专业化的形象，首先要提高自身的内在修养，其次要通过专业的化妆技巧来提升航空服务人员的形象气质和职业风采。航空服务人员形象塑造所蕴含的内容是极其丰富的，且有着专业性的要求，通过化妆技巧可树立起航空服务人员的专业化形象。

（一）男性民航服务人员化妆要求

男性民航服务人员在工作时也应进行必要的面部修饰，可着重表现男性的阳刚之气。主要强调肤色的协调和统一性，表现出皮肤的质感。男性化妆的基本原则：清洁、自然，体现出自身的特点。

男性需掌握的化妆要领：

（1）需要修饰皮肤。

（2）一副好眉毛可以大大提高男性的神采。

（3）挺直的鼻梁可以更具男子气概。

（4）可以适当涂点唇膏。

（二）女性民航服务人员化妆要求

女性民航服务人员的化妆要求则比较复杂，应注意以下几点原则。

1. 应当避免浓妆艳抹

一般要求空乘人员在客舱服务时化淡妆，简约、清丽、素雅，具有鲜明的立体感为宜。总的来说，就是要清淡而又传神，恰到好处地强化可以充分展现女性光彩与魅力的面颊、眉眼与唇部，但不能过分突出航空服务人员的特性，不能过分引人注目。

2. 应当避免过量使用芳香性化妆品

在客舱执行任务时使用任何化妆品都不能过量。客舱是一个相对密闭的空间环境，如果空乘人员在客舱执行任务时，过量的使用芳香性化妆品，很有可能会引起乘客的反感或不快。

3. 应当避免妆面出现残缺

在客舱工作时，一般都要求空乘人员适当地化一些淡妆，并要求维护妆面的完整性。在用餐、饮水、工作之后，一定要及时地为自己补妆。妆面深浅不一、残缺不堪，必然会给乘客留下不好的印象。这不仅仅有损空乘人员自身的形象，更重要的是还会破坏所有空乘人员在乘客心目中的专业形象。

4. 应避免当众补妆

空乘人员对自己的化妆应认真对待，但这并不等于可以随时随地为自己化妆或补妆。尤其在客舱这样一个特殊的环境下，当众补妆是很不庄重的，会使人觉得空乘人员对待工作用心不专，有损其专业形象。

女性民航服务人员化妆有以下几个基本步骤。

1. 妆前准备（护肤三部曲）

洁肤：将脸部洗净、擦干。目的有两个，一是去污，使皮肤清洁；二是供给肌肤水分，促进新陈代谢。

爽肤：用棉球蘸取化妆水轻拍脸部，目的是收缩皮肤，防止脱妆。

润肤：面部涂适量护肤乳液和面霜。面霜起着黏合剂的作用，用来打底，可在面部形成一层薄膜。

2. 上妆九步骤

(1) 底妆。

“打底”的主要目的：遮盖脸部瑕疵，均衡和提亮脸部肤色，为保证效果，一般选用比自己肤色深 1 号的产品。具体方法：将适量产品挤在脸部，用手指或专用海绵轻轻从面积较大的两颊向外推抹开来，尽量使用中指和食指的指腹，用力不宜过大。民航服务人员应选择质地柔和且上妆后与肤色接近的粉底液或 BB 霜。不要盲目选择很白的粉底颜色，那样看起来会很不自然。客舱服务人员经常处于特别干燥的空调环境，因此需要选择有保湿效果的底妆产品。地面服务人员需要承担接机和送机的工作，最好选择具有防晒功能的底妆产品。粉底不是面具，应该使皮肤看上去透明光滑，有光泽，健康滋润。

下面是几种涂抹粉底的小技巧。

手指法：用手指涂粉底快速而方便，使用液体粉底时用这种方式比较好，因为液体粉底有流动性而且干燥速度快，可以用手指推开后轻拍，是使皮肤质感显得透明而均匀的便捷之道。

海绵法：如果使用比较厚的固体粉底，可以用一块潮湿的海绵打底。潮湿的海绵可以稀释过于干燥的固体粉底，使打底均匀而服帖。注意，在使用时运用按和拉的动作，使粉底紧贴皮肤，防止浮起。

刷子法：在眼下、鼻侧，或为了遮盖一些瑕疵，可以选用不同大小的刷子进行涂抹或局部遮盖。为了使遮盖效果完美，需要遮盖的部位，其粉底要有一定的厚度，但边缘要和其他部分自然衔接。

(2) 定妆。

对于执行工作任务时间较长的民航服务人员，由于带妆时间较长，可用散粉（定妆粉）固定妆面，以达到妆面持久的效果。最好选择和基础底色（粉底）同一色系的定妆粉。

(3) 描眉。

要选择与自己眉毛颜色最接近的眉笔，东方人通常用咖啡色、棕色或灰色。画的时候要尽量淡，从眉头到眉梢依次画。眉形清晰的就用眉笔一根一根地描画，眉形不清晰或者眉毛稀疏的就先用眉粉勾勒出形状，之后再用眉笔仔细画。描眉的时候注意眉头淡、眉坡深、眉峰高，眉尾要清晰。

（4）眼影。

最普通也最简单的一种方法：同一颜色以不同深浅的色彩，自眼睑下方至上方、由深至浅渐次画上，可以塑造目光深邃的效果。眼睛看起来会变大至少 1/3 ，且很有神、很亮。用专用眼影刷取适量选定颜色的眼影粉，并靠桌边轻轻敲下眼影刷，目的在于去掉笔上多余的粉末，以免弄脏脸部。在眼睑位置由外向内轻轻刷几下，掌握好颜色的晕染过程，上淡下深。

（5）涂睫毛。

刷睫毛前要用睫毛夹先将睫毛夹卷，睫毛应夹 3 次（夹时注意勿夹到眼皮）：第 1 次夹根部；第 2 次夹中段，使之轻轻向上弯；第 3 次夹尾端睫毛膏。为适应工作环境，避免过于夸张，不建议民航服务人员使用假睫毛。

（6）眼线。

用眼线液（笔）或眼影粉，在眼睛靠近睫毛根部的位置轻轻画上一道黑线，眼角下塌的女性可在画至眼角时适当往上抬一点，在视觉上加以纠正。

（7）腮红。

选出适合色系的腮红，对着镜子微笑，颧骨的部位就是腮红可以打上的部位。每次刷的腮红量要少、要淡，可多刷几次直至效果完美。

（8）唇妆。

用粉底先把自己的唇色遮盖，如果要强调唇妆可以先用唇线笔画出唇形，再用同色系唇彩填充，最后涂上有光泽的唇蜜。如果不强调唇妆，可以直接画上一层薄薄的唇彩，最后涂上一层有光泽的唇蜜。

（9）妆面检查。

民航服务人员化妆步骤参见彩图。

（三）民航各岗位妆容区别

1. 值机、售票、问询等岗位

值机、售票、问询等岗位是旅客进入机场大厅就会接触到的，这是一个服务接触的关键点。对整个航空旅行来说，旅客对航空公司、对本次旅行的首轮印象由此产生。在这一环节，服务人员应该给旅客留下整洁、热情、专业、快捷的印象。对于男性服务人员来讲，只要做到这几项要求就可以了。对于女性服务人员，相应的职业妆容的要求应该是朝气、清新、保守。

清新、淡雅的妆容能够使人充满自信，也能让旅客感受到民航服务人员对工作的重视和用心。

（1）眼妆。

可用淡色眼影，如浅蓝；也可用深色眼影，如咖啡色、深紫色、深绿等。但注意要淡妆轻就，不可过分浓艳。

（2）腮红。

甜美清新的粉色、橘色能够给人青春朝气的喜感，也可用沉稳安全的大地色系。

2. 安检岗位

安检的工作具有高度的组织纪律性和严肃性，不可过分突出女性可爱、妩媚的特点。

那么安检岗位可不可以不化妆呢？现在民航某些女性安检人员素颜朝天，当然这并不影响她们的专业能力，但是就大民航的服务要求而言，似乎少了一点民航职业形象。所以，即使是安检岗位，素颜朝天也是不可取的。那么，安检岗位适合的妆容是怎么样的呢？

甜美、性感的妆容不适合负责安检岗位的女性，适合女性安检人员的妆容应是神采奕奕、庄重严肃。具体应注意以下几点：

（1）眼妆。

最好不用浅色调（如浅粉色、橙色、桃红色）的眼妆，应用深色并且偏冷色系（如蓝色、紫色、深咖啡）的眼妆，突出安检岗位沉稳、慎重的特点。

（2）腮红。

腮红也不宜用得过红或过多，用自然肉粉色或稳重的大地色系比较适合。

（3）唇部。

唇部用少许自然粉色口红即可，不宜使用大红、深红等较浓的颜色。特别靓丽的唇色也不适合安检岗位的职业定位，而亚光并稍带滋润的口红就可以，既显得精神饱满，又不逾越职业的定位。

3. 空乘岗位

民航服务的重点在空中飞行阶段，旅客对空中服务的期望值也比较高。空乘岗位的职业妆容应该比地面服务人员的妆容更加精致和浓艳，但浓艳程度应该适当，一定不能过分浓艳。具体注意以下几点：

（1）粉底：粉底应与肤色协调，确保脸与脖颈之间的分界线完整。

（2）定妆粉：定妆粉应与粉底色相协调。

（3）眉毛：眉毛的颜色应接近头发的颜色，并保持清洁、线条清晰。

（4）眼线、睫毛：沿睫毛根部画眼线，睫毛膏当选黑色。

（5）腮红：腮红的颜色应与口红的颜色协调，颊骨周围颜色渐暗。

（6）口红：口红以大红、深红、桃红、玫瑰红为主。

二、民航服务人员外形基本要求

（一）头发

头发要常洗常清理，正常情况下两三天洗一次头，如果是油性头发则要每天洗。要经常使用护发素，以保持头发的柔软和易梳理。假如头发发质干燥、变黄等，可以焗油并使用营养素。民航服务人员的发型要大方，要适合自己的脸型、制服和风度，不留奇发、新潮发型，不染异色。

（1）女性民航服务人员不留披肩头发，不遮脸，前刘海可以是卷发也可以是直发，以保持在眉毛上方为宜。长发要扎起或盘起，佩戴统一的发网花，不可低于上耳部位，发网花必须呈现饱满状。只能使用发夹固定发型。发夹的式样应简单，颜色限黑色，不得有任何镶嵌物（不允许使用压发条）。

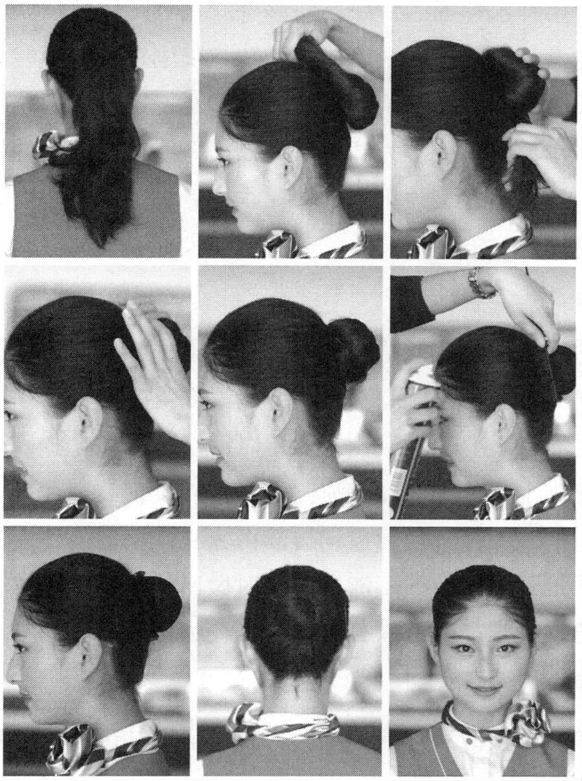

（2）男性民航服务人员的发型要做到前发不覆额，侧发不遮耳，后发不触领。所谓前发不覆额，主要是要求额前的头发不遮盖眼部，即不允许留长刘海；所谓侧发不遮耳，主要是要求两侧的鬓角不长于耳朵中部，即不应当蓄留鬓角；所谓后发不触领，主要是要求脑后的头发不宜长至衬衣衣领，以免弄脏浅色的衣领。为了保持自己的短发，应根据头发生长的规律，每半个月左右修理一次头发。

（二）面部

面部的皮肤要干净和均匀。民航服务人员要勤于清洁皮肤，至少早晚各一次，不要让皮肤长痤疮、青春痘；平时要注意防晒，以免长出晒斑，使人觉得皮肤不够干净清透。

皮肤一般分为中性、干性、油性三种肤质，针对不同肤质应该使用不同的护肤产品。油性皮肤应该用去油补水的护肤产品，如保湿露等；干性皮肤则应该使用补水补油的护肤品，如滋润霜等；中性皮肤则均可使用。

男性要注意修眉，眉形主要体现干净、阳刚之美，不能出现修饰的痕迹。不要蓄留胡须，那样会给人不修边幅、邋遢不洁净的感觉，也不符合民航职业要求。男性皮肤多为油性，可以用一些男士专用的祛痘洗面奶和保湿面霜。味道以清香型为主，可选择香草、烟草香等香味，以适当增添男性特点。

（三）口部

上班的前一天不能喝酒，也不能吃刺激性的食物，如葱、蒜、韭菜、洋葱、臭豆腐。必要时可嚼口香糖、茶叶、红枣或花生，帮助除去异味。牙齿的洁白也非常重要，要勤刷牙，平时尽量不抽烟，少喝浓茶，因为时间久了会在牙齿上留下烟渍和茶渍。如果已经发现有这种情况，则最好去牙科医生那里清洗牙齿，使牙齿保持洁白光亮。用餐后再上岗之前要检查自己的口腔里是否有余留的菜渣以便及时做出处理。为保护嘴唇，男女均可用唇膏，防止干裂，颜色以自然色或无色为好。

（四）耳部与颈部

每天洗脸时顺便清洗耳郭、耳后，及时清理耳部，修剪耳毛，不在人前掏耳朵。

保持颈部皮肤的清洁，清洁后可作适当的颈部护理，使颈部紧绷细腻，光洁动人。

（五）手部

民航服务人员与旅客接触时经常要用到手，因此，对双手的基本要求是保持清洁、卫生。要经常修剪与洗染指甲，保持指甲的整洁和美观，不得留长指甲。一般情况下，指甲的长度以不超过指尖 2mm 为宜，以防过长而断裂。

女性可以对指甲染色，但染色指甲的长度以不超过指尖 5mm 为宜。指甲油的颜色以无色或浅粉红为宜，不宜涂抹夸张、性感的颜色，如褐色、全绿色等。要经常洗手，洗后最好涂抹护手霜或护肤液，以保持手部皮肤的润滑美观。

男性如果有吸烟的习惯，则要避免手指上有尼古丁的痕迹。另外，要经常洗澡，应坚持每天洗脸洗脚，勤换袜子，勤洗手。

（六）鼻部和体毛

鼻子的卫生问题经常被人忽视，从而影响整个面部的整洁。鼻腔下要保持干净，常修剪长到鼻孔外的鼻毛。不要当众擤鼻涕、掏鼻孔，要在无人处清理鼻垢。

在交际场合，女性若穿无袖装，一定要去除腋毛，腋毛外露是极其不雅观的。

男性的小臂，女性的小臂和小腿，都是在夏天要暴露在旅客面前的。不管是男性还是女性，如果四肢上体毛“茂盛”，都会影响美观。如果这些部位体毛过于浓密，应该定期去专业的机构去除。但最好不要自己处理，以免受伤或弄巧成拙。

（七）香水

有句话叫“闻香识人”。香水可以突出人的个性，不同风格、个性、品味的人，可以用不同的香味来代表自己。民航服务人员在工作中，由于扮演的是服务人员的角色，应该弱化自己，体现出职业性和亲和力，把个性的展示机会留给旅客。因此，民航服务人员在工作场合尽量不要擦拭香水，如果要擦，也只擦一点清香、淡雅型的香水。

情景模拟训练

1. 作为即将踏上工作岗位的民航服务人员，如何才能化一个得体的职业妆呢？请以两人为一小组，根据自身的容貌特点和职业要求，结合化妆用品，化一个得体的妆容，并相互点评。

提示：底妆的均匀度，眉形的塑造，眼妆的色彩搭配，与自身形象气质的协调。

2. 小唯是一位民航服务人员，她面容白皙，身材高挑，瓜子脸，大眼睛，披肩长发，请根据这些信息为小唯设计一款盘发的发型。如果她个头比较矮如何设计？如果是长脸如何设计？如果是圆脸又如何设计？

提示：根据不同的脸型、身高进行盘发设计。

第二节　民航服务人员职业着装规范礼仪

小知识　职业女性着装礼仪要领

爱美是人的天性，尤其是女性。但衣着是极其讲究个性的，并不是漂亮衣服就适合所有人。女性的穿着打扮应该灵活有弹性，学会选择适当的时候穿适合的衣服；搭配衣服、鞋子、发型、首饰、妆容，使之完美和谐，这才是美丽的关键。最终被别人称赞，应该夸你漂亮而不是说你的衣服好看或鞋子漂亮，那只是东西好看，不是自身的得体。下面是一些职业女性的穿衣要领，虽不全面，但对日常生活中的你也许会有些帮助。

整洁平整的服装并非一定要高档华贵，但须保持清洁，并熨烫平整，穿起来大方得体，显得精神焕发。整洁并不完全是为了自己，更是尊重他人的需要，这是良好仪态的第一要领。

不同色彩会给人不同的感受，如深色或冷色调的服装让人产生视觉上的收缩感，显得庄重严肃；而浅色或暖色调的服装会有扩张感，显得轻松活泼。因此，可以根据不同需要进行选择和搭配。

除了主体衣服之外，鞋袜、手套等的搭配也要多加考究。如袜子以透明近似肤色或与服装颜色协调为好，带有大花纹的袜子不登大雅之堂。正式、庄重的场合不宜穿凉鞋或靴子，黑色皮鞋是适用范围最广的，可以和任何服装相配。

服饰是人体的外在包装，它包括衣、裤、裙、袜、帽、手套及各种装饰物。服饰是一种无声的语言，它体现了一个人的个性、身份、涵养及其心理状态，直接代表了一个人的品格。民航服务人员的工作装既关系到个人的形象，更代表航空公司的形象，所以民航服务人员在执行工作任务时必须遵守航空公司有关服饰的规定，做到工作时按规定着装。民航服务人员在着工作装时，必须保持制服干净整洁，应将制服熨烫平整，不允许出现皱纹、破残、污渍、脏物和异味，干净整洁的服装会给旅客带来清新舒服的感觉。

案例　套裙质地差——女老板穿成女秘书

有个由国内企业家组成的代表团出国考察，其中有一位女企业家，虽然穿的也是一身西服套裙，但外方人员竟一直误以为她是位秘书。原来这位女企业家穿的套裙的面料质地不好，做工也不考究，款式又过于花哨，以至于与身份不符，造成误会。

一、民航服务人员的职业装穿着要求

各大航空公司都有自己的制服，而且是花费很大精力千挑万选精心制作的，无论是色彩、款式还是质量，都是非常好的。民航服务人员着制服后，都能反映出很好的个人职业形象和精神面貌。

制服体现了航空公司的形象。客人看着穿制服的工作人员也就是在看着航空公司，因为员工就是航空公司的代表，因此在穿着制服时要特别注意自己的仪容仪表。民航服务人员在上岗时应着公司统一配发的制服，包括外套、大衣、衬衣、裙子、裤子、丝巾、领带、领结、皮带、皮鞋、袜子、肩章等，根据季节定期统一更换制服。

（一）航空公司规定的制服类型

制服分男女夏装、冬装和春秋装。

男夏装：公司统一配发的短袖衬衣和长裤；女夏装：公司统一配发的短袖衬衣、马甲和裙子；男女冬装：公司统一配发的长袖衬衣、制服上衣外套、长裤、大衣、帽子、手套、毛袜等。男女春秋装：公司统一配发的长袖衬衣、裙装（女）、外套、长裤、风衣等。

（二）女性民航服务人员着装要求

女性民航服务人员着制服时，必须扣好纽扣，将衬衣下摆放入裙子或裤子中，着长袖衬衫时不得将袖口挽起，以制服内衣袖口、领口、上衣下摆不外露为标准。丝巾系在颈部，熨烫平整，要美观、得体、整洁。着公司统一配发的丝袜和黑色皮鞋。根据季节着大衣和风衣。必须将大衣扣好纽扣、系好腰带。空中乘务员在着大衣时应戴帽子，帽子应戴在眉上方

1~2指处，帽徽要端正且正对鼻梁。工作牌应佩戴在衬衣、制服的胸前侧，正面朝上。姓名牌应佩戴在胸前左上方。乘务员登机后将工作牌和帽子摘掉，提供餐饮服务时穿戴围裙，并保持围裙整洁。

（三）男性民航服务人员着装要求

男性民航服务人员着制服时，衬衣不得挽袖，需扣好纽扣，将衬衣下摆放入裤子中。扎黑色皮带，系统一的领带，着深色袜子、黑色皮鞋，皮鞋要保持干净光亮、无破损。不能袒胸露骨、高卷袖筒、挽起裤腿，裤子应熨烫平整，保持干净、整洁。工作牌应佩戴在衬衣、制服的胸前侧，正面朝上。姓名牌应佩戴在胸前左上方。

二、民航服务人员着装的作用

现在越来越多的企业、组织、机关和学校开始重视统一着装，对民航企业和机场来讲更应如此。统一着装的意义在于：

首先，统一着装可以提高航空公司所提供服务的感观质量，从而可以使公司获得较高的评价。统一着装还可以提高空乘人员的士气和团队凝聚力，可以进一步提高服务质量和经济效益。

其次，统一着装能保持竞争优势。统一着装的空乘人员是航空公司的“脸面”，从这张脸上我们能看到公司员工的专业素养和工作质量。统一着装在塑造与众不同的企业形象和提升企业竞争力方面起着很积极的作用。

再次，统一着装能留住空乘人员。留住好的空乘人员是航空公司发展的根本。统一着装可以培养团队精神，增强空乘人员的归属感，使他们感觉在企业机会平等，从而创造一种舒适和受尊重的感觉。

最后，统一着装是成功的保证。在竞争激烈的市场里，将公司和竞争对手区别开来是非常重要的。统一着装可以强化公司的独特形象。另外，由于旅客在空中的各种担心，让旅客能很清晰地辨认公司的空乘人员变得越来越重要。

三、着装礼仪

案例　自尊心被自己重重地伤了一回

说起穿衣礼仪，有一段至今让我无法忘记的尴尬经历，从某种程度上来讲甚至是一种屈辱。记得我刚进杂志社不久，领导安排我去采访某民营企业的老总。听说这是一位既能干又极有魅力的女性，对工作一丝不苟，对生活却是极其享受，最关键的是，即使再忙，她也不会忽视身边美好的东西，尤其对时尚非常敏感，对自己的衣着及礼仪要求极高。这样的女性，会让很多人产生兴趣。还未见到她，仅仅是听介绍，我已经开始崇拜她了，所以我非常高兴自己能做这个专访。事先我做了大量的准备工作，采访纲要修改了多次，内心被莫名的激动驱使着。那几天，我始终处于兴奋状态。到了采访当天，穿什么衣服却让我犯愁。要面对这样一位重量级的人物，尤其是位时尚女性，当然不能太落伍了。

说实在的，我从来就不是个会打扮的女孩，因为工作和性格关系，平时穿衣都是怎么舒服、方便就怎么穿。时尚杂志倒也看，但也只是凑热闹而已。现在，还真不知道应该穿什么衣服才能让我在这样一位女性面前显得更时尚些。终于在杂志上看到女孩穿吊带装，那清纯可人的形象打动了我，于是迫不及待地开始模仿起来。那天采访，我穿了一件紧身小可爱和热裤（虽然我的腿看起来有点粗壮），打了个在家乡极其流行的发髻，便兴冲冲地直奔采访目的地。当我站在公司前台说明自己的身份和来意时，我明显看到了前台小姐那不屑的眼神。我再三说明自己的身份，并拿出工作证来，她才勉强带我进了老总的办公室。

眼前的这位女性，高挑的身材，优雅的举止，得体的穿着，让我怎么看怎么舒服。虽然我不是很精通衣着，但在这样的场合，面对这样的对象，我突然感觉自己就像个小丑，来时的兴奋和自信全没了。还好，因为采访纲要准备还算充分，整个采访过程还比较顺利。结束前，我问她，日常生活中，她是如何理解和诠释时尚、品位和魅力的。她告诉我，女人的品位和魅力是来自内心，没有内涵的女人，是散发不出个人魅力，也无法凸显品位的。而时尚不等同于名牌、昂贵和时髦，那是一种适合与得体。说完这话，她微笑地看着我。此时我的眼睛看到的只有眼前自己那两条粗壮的双腿，心里纳闷：这腿为什么会长得如此结实，做热裤的老板一定很赚钱，因为太省布料了……我感觉自己无法正视她，采访一结束，就逃似地奔离了她的办公室。

不同的场合对着装有不同的要求。

（一）喜庆场合

生日派对、同学聚会、亲属的结婚庆典、节日纪念、联欢晚会等都属于喜庆场合，这些场合的共同特点是气氛热烈、情绪昂扬、欢快喜庆，参加这种性质的活动，服饰可以相应的热烈一些，华丽明快为好。

正规的喜庆场合，男士最好着深色西装。若是同学聚会、生日聚会或者游园、远足等更轻松愉快的喜庆场所，男士可以着便装，夹克衫、牛仔服、T恤衫等都是合适的，但要使服装大方整洁，千万不要穿皱褶遍布的衣裤，令人尴尬。

女士的服装可以轻松洒脱，套装、裙子颜色鲜艳一点无妨。可以适当化妆，戴少许美丽、轻松、飘逸的饰物，但一定要典雅得体。出席婚礼时，穿着打扮不宜太出众、耀眼，以免有喧宾夺主之嫌，也不要打扮得过于怪异，花里胡哨，以免破坏婚礼气氛。

（二）庄重场合

严肃正规的庆典仪式为庄重场合，参加这样的活动，一般都要遵守主办方对服装所做的规定，不能独出心裁。如果主办方对着装没有什么具体要求，也应根据庆典的性质做出适宜的选择，服饰应以庄重、高雅、整洁为度。不宜穿得太随便，颜色比较鲜艳的运动装、牛仔裤等不是这种场合的适合着装。女士不能穿太短的裙子。另外还要注意这种场合的着装礼貌，手不要插在裤兜里，不要当众解开衣扣，也不要随便脱去外衣。在室内举行庄重的活动，男士、女士都不要佩戴墨镜和有色眼镜，即使在室外，与人握手和谈话时，都应将墨镜摘下。

（三）悲哀场合

这种性质的活动主要以扫墓为主，另外还有殡葬仪式和吊唁活动等。这种场合的气氛比较悲哀、庄严肃穆，在服饰方面要注意如下几点：服装的颜色要以黑色和深色、素色为主，切忌穿红着绿，恣意追求鲜嫩；也不宜穿着带花边、刺绣或装饰飘带之类的服装，衣裤也不要有镶嵌卡通动物或人物图像的装饰，给人以不严肃的印象。

这种场合的服装款式要尽量选择比较庄重、大众化一些的，新潮时髦、怪异和轻飘款式的服装最好不选，以免冲淡庄严肃穆的气氛。有必要穿着丧服时，不能露肌肤，大领圈、无袖的服饰不适宜在这种场合穿着，深色西装、套裙为好。男士配西装的领带也要选择素淡庄重的颜色。女士不要有明显的打扮痕迹，不宜抹口红和戴饰品，黑色的蝴蝶结和白色的头花倒是非常适宜这样场合的饰物，总能赢得丧家的认可。男士在参加追悼仪式时，要注意垂手而立，不要忘记脱帽，不要敞衣袒胸，以免有轻视慢待之嫌，与现场气氛不符。

四、职业装的基本要求

清洁：制服洗净，无油渍、无斑点，皮鞋光亮无破损。

平整：制服熨烫平整，无皱褶，衣扣、裤扣扣好，拉链、腰带拉紧，衬衣放入裙子或裤子内。

完好：制服无脱线、缺扣等残缺，袜子无勾丝破洞。

合体：工作人员根据各自形体，领取适宜的制服。

五、着装六戒

脏：在工作岗位上，没有任何理由让自己的着装脏兮兮的。如果那样，和穿着残破不堪的衣服又有什么区别呢?

乱：工作时间，通常应力求庄重、素雅而大方，花色不要过于鲜艳抢眼，不要让人产生“抢顾客风头”的错觉。

奇：绝对不应当在款式上过分奇特，也不应在搭配上过于特殊。

短：衣着过分肥大或短小，都是不得体的。要避免着装过短的情况。在庄重严肃的场合，不允许穿西装短裤、超短裙等过“短”的服装，既不文明，也不美观。

紧：女性还应避免使自己的正装过于紧身。服装过分紧身，只会产生两种效果：要么过度地展示个人的线条，要么会使自己内衣的轮廓不雅地外现。它们都会破坏服装的美感，把自己的“美中不足”夸张地暴露在别人面前。

露：工作场合，着装不允许过分暴露。特别是女性，胸、肩、背、腰、脚趾、脚跟不可以露。

小知识　中国民航职业服装发展历程回顾

1955 年 11 月，中国民航有了自己的第一批空中乘务员，这 18 名年轻的女孩子就是新中国第一代空姐。当时，她们的制服有着浓郁的苏式军服特色——绿色呢子大衣，翻领、双排铜扣。上衣是人们俗称的“列宁装”，头戴无檐帽，脚穿长筒皮靴。飞行员也是头戴大檐帽，身穿苏式双排扣翻领上衣。

60 年代末，女空乘的制服与当时社会上其他女性穿的服装没什么两样——浅灰色方领上衣和蓝裤子。飞行员的服装是草绿色中山装式军上衣、蓝裤子和解放帽，和当时空军的装束几乎一样。而机务维修人员穿的，就是一套灰布中山装。

70 年代，女空乘穿的是一套天蓝色制服，翻领、单排铜扣的上衣和一条长裤。整套衣服显得很肥大。而飞行员戴着一顶硬壳帽，着深蓝色中山装式制服，如果不看帽徽的话，人们搞不清他是警察、军人还是民航飞行员。

70 年代末 80 年代初，女乘务员身穿深蓝色单排扣西式上衣，裤管肥肥的长裤被称为“筒裤”，是当时最常见的长裤样式。不过她们不再梳长辫，而是留着一头齐耳长的卷发，那种发型我们今天可以从当年的电影中见到。

80 年代末，从民航北京管理局演变而来的中国国际航空公司组建，1988 年 7 月 1 日，国航的空姐穿上了皮尔·卡丹设计的“宝石蓝”制服，包括无领上衣、套裙和长裤，条纹图案的衬衫领口还系有一条领巾。头上的小圆帽显得十分优雅。这是新中国民航历史上第一套真正意义上的空姐职业装。

第三节　民航服务人员饰物佩戴技巧及礼仪

一、配饰的定义

配饰是指佩戴在人体各部位的饰物，从不同的佩戴位置看，分为发饰、耳饰、项饰、臂饰、足饰等等。配饰是衣着服饰的一个特殊组成部分，配饰和服饰是有机的整体。配饰对服装起着丰富调整和现实创意的作用，饰物安排得当就能起到协调的作用，可以给全身服饰增加光辉。佩戴首饰必须考虑个人的整体形象，必须根据自己的身材、脸型、年龄、气质、职业等来选择配饰。

二、配饰的礼仪

（一）饰物佩戴选择

佩戴首饰不是为了显示珠光宝气，而是要对整体服装起到提示、浓缩或扩展的作用，以增强一个人外在的节奏感和层次感。像服装一样，首饰也有它自己的季节走向，春夏季可戴轻巧精致些的，以配合衣裙和缤纷的季节，秋冬季可戴庄重和典雅的，可以衬出毛绒衣物的温暖与精致，切不可一条项链戴过春夏秋冬，没有可以不戴，否则会显得单调和缺乏韵律。

我们常能见到有些女士一次佩戴太多的项链、耳坠、戒指、手链等，像全副武装的士兵一样，整个人看起来既累赘又缺乏品位。

切忌用首饰突出自己身体中不太完美的部位，如脖颈上有赘肉和褶皱的女生，就不合适戴太有个性色彩的项链，以免别人过多的关注；手指修长丰润的不要戴镶有大宝石或珍珠的戒指。

首饰一定要和你的身份、气质及服装相协调，这样才会显得有品位。气质文静的女士不要戴过于夸张和象征意义太浓的首饰，否则会使别人产生错乱感。

穿职业装时，最适合佩戴珍珠或做工精良的黄金、铂金首饰；穿晚装时可以佩戴宝石首饰；穿休闲装时比较适合佩戴个性化或具有民族风格的首饰。

（二）佩戴饰物的要求与原则

佩戴饰物应遵守礼仪规范，它可以向对方传递某种信息。佩戴首饰时，通常应当恪守如下八条原则。

1. 数量原则

佩戴首饰时，数量上的原则是以少为佳，点到为止。在公共场合，佩戴的首饰最多不能超过三件。

2. 场合原则

佩戴饰物，应与所处的环境、场合相适应。

3. 质地原则

佩戴首饰时，质地上的原则是争取同质，戴镶嵌首饰时，要让镶嵌物质地一致，高档饰物，特别是珠宝饰物，适合在隆重的社交场合佩戴，在休闲生活时佩戴就显得有些张扬了。

4. 体形原则

佩戴首饰时要使首饰与自己的体形相配，突出个性，不盲目模仿，应扬长避短。

5. 搭配原则

佩戴首饰时，搭配上要尽力使服饰协调。例如，猫眼石、钻石不要与珍珠首饰同时佩戴，不要显得过分夸耀。同时要注意，如果已经佩戴了胸花，就不宜再佩戴耳环等突出女性魅力的饰品。

6. 习俗原则

佩戴首饰时要懂得寓意，避免尴尬。

7．身份原则

佩戴首饰时要使其符合身份，要与性别、年龄、职业、工作环境相协调，不能相差太多。

8. 色彩原则

佩戴首饰时，色彩上的原则是力求同色。

三、饰物佩戴方法

（一）戒指

戒指的戴法最为讲究，戴在不同的手指传达不同的信息：

食指：表示目前独身。

中指：表示正在热恋中。

无名指：表示已婚。

小指：表示持独身态度。

因此戒指不应乱戴，也不要别有用心地暗示对方。如果已婚女士不愿暴露婚姻状况，可以不戴戒指。一些女士明明已婚，却将戒指戴在食指上，这是不对的。戒指一般戴在左手上，如戴在两只手上要左右手对称。

（二）耳环

1. 耳环与脸形搭配

椭圆形脸的人款式选择范围最大，耳环长度最好到下巴，能让其丰腴的脸部线条柔中带刚，最推荐流苏长形钻石耳环。

圆形脸可选择长方形、鞭形、链节形、水滴形、“之”字形、叶片形等结构修长的垂吊式耳环，长度在两三厘米之间最好，有平衡圆脸的效果。不可戴大片式或贴耳式的耳环。

方形脸宜选择形状圆滑的耳饰，如水滴型、椭圆形、长椭圆形、弦月形、新叶形、单片花瓣形、鸡心形、螺旋形或长弧形等。应尽量避免耳钉，不要佩戴方形或者三角形、五角形等线条硬朗的首饰，这些会加剧脸部的棱角感。

长形脸宜选择圆润或饱满的饰品，增加耳朵或颈间的分量。贴耳式的大宝石耳环、颜色丰富的复古耳环，都会让长脸人看起来更高贵。但要避免戴摇摆的长形耳坠，因为它们会让脸看起来更长。

菱形脸适合戴水滴形、圆形等形状的耳饰。要避免戴菱形、心形、倒三角形、惊叹号形的耳饰，这些耳饰会让下巴显得更尖、更细或更有棱角。

戴眼镜的女性不宜戴大型悬吊式耳环，贴耳式耳环会令她们更加文雅、漂亮。

2. 耳环与肤色的配合

肤色较白的人，可选用颜色鲜艳一些的耳环。

若肤色为古铜色，则可选用颜色较淡的耳环。

如果肤色较黑，戴银色耳环效果最佳。

若肤色较黄，以古铜色或银色的耳环为好。

（三）项链

项链要与脸形相搭配，脸部清瘦且颈部细长的女性，宜戴单串短项链，脸部就不会显得太瘦，颈部也不会显得太长。

圆脸而颈部粗短的女性，最好戴细长的项链，如果项链中间有一个显眼的吊坠，效果会更好。

椭圆脸的女性最好戴中等长度的项链，这种项链在颈部形成椭圆状，能够更好地烘托脸部的优美轮廓。颈部漂亮的女性可以戴一条有吊坠的短项链，以突出颈部的美丽。

就项链的选择而言，价格并不是主要的因素。不管什么样的款式，与年龄、肤色、服装的搭配协调才是主要的。一般来说，上了年纪的人宜选择质地上乘、工艺精细的黄金、铂金项链，而青年人则可选择颜色好、款式新的项链，如骨制、珍珠制项链等。

（四）手镯和手链

选戴手镯时应注意，一般只戴一只。如果只戴一只手镯，应戴在左手，戴两只时可两手各戴一只，也可都戴在左手，但此时不宜戴手表。戴三只时应都戴在左手，不可一手戴一只，另一手戴两只。手链一般只戴一条。

（五）手表

手表又叫腕表，即佩戴在手腕上的用以计时的工具。在社交场合，佩戴手表通常意味着时间观念强、作风严谨。

（六）胸针

胸针是不可或缺的配饰，无论是艳丽的花朵襟针还是闪烁的彩石胸针，只要花点心思配上简洁服饰，就足以令人一见难忘。胸针的运用场合非常讲究，在西服套装的领子边别一枚曲线形的胸针，可以给庄重的套装添加几丝活跃的动感。在喜庆的场合，胸针应该选择艳丽的款式；在丧葬的场合，则只能佩戴白花以示哀悼。参加宴会或出席正规的社交场合，应选择款式大方的胸针，造型可以略微大一些。若是普通场合，就只有一个原则：年轻女性应佩戴小巧精致的胸针，不要有过多过大的镶嵌物，可以突出年轻的活力；年长一些的女性则适合佩戴一些造型典雅、有宝石镶嵌的胸针，显得华丽而大方。

（七）丝袜

丝袜是现代女性必备的服饰，一双漂亮的丝袜可以衬托出女性腿部的曲线美。丝袜的色泽应有所讲究，职业女性在政务或商务场合内只能穿肉色丝袜，着便装时丝袜的颜色应与所穿的服饰相协调。需要注意的是，穿着有明显破损或脱丝的丝袜是相当不雅的。另外，丝袜的袜口不应低于裙子的下缘，在穿迷你裙时最好穿连裤袜，以免袜口外露。

四、空乘人员的配饰要求

（一）女性乘务员配饰要求

1. 手表

手表设计应是简单大方的职事业型标准式，符合职业形象和职业装束。具体要求如下：

有准确的12个时针刻度，60个分针刻度。有时针、分针、秒针，走时准确。

表带应为银色、金色、黑色的金属表带，宽不得超过1.5cm，不接受手链式样的表带。

表盘不超过2.5cm×2.5cm。

表底颜色不得夸张、花哨，可以为白色、黑色、米色、银色、灰色、浅灰色、浅蓝色。（注：不允许佩戴表底颜色花哨、超大或卡通、运动、前卫派式样手表）

2. 戒指

只可佩戴一枚戒指，款式美观自然，镶嵌物限透明色，大小不超过

0.5cm，戒环宽度不超过 0.3cm。

戒指只能戴在左手或右手的中指或无名指。

3. 耳环

允许戴一副金色、银色金属质地或白色、淡粉色珍珠质地且美观大方、形状规则的耳环，佩戴于耳垂处。

耳环如有镶嵌物应为透明色，直径不超过 0.5cm。整个耳环的大小不得超过 0.6cm×0.6cm（不允许戴环式或垂吊式耳环）。

4. 项链

可戴一条金色或银色的，宽度不得超过 0.3cm 的项链。

可以有一个项链坠，项链坠如有镶嵌物应为透明色，直径不得超过 0.5cm。项链坠的款式应简单、大方，大小不超过 0.8cm×0.8cm ×0.8cm。

5. 眼镜

隐形眼镜仅限透明色，不允许佩戴有颜色的隐形眼镜，如黑色或棕色系列的“美瞳”。

框架眼镜的镜架为金色或银色，金属质地，可以是半框架、无框架的细金属，镜片为塑胶材质。

6. 其他

不允许佩戴手镯、手链、脚链、红绳、黑绳及其他饰物。

（二）男性乘务员配饰要求

男性乘务员不允许佩戴任何饰品，但可以佩戴手表，设计应是简单大方的职事业型标准式，符合职业形象和职业装束。具体要求如下：

有准确的 12 个时针刻度，60 个分针刻度。有时针、分针、秒针，走时准确。

表带应为银色、金色、黑色的金属表带或黑色、棕色、深棕色的皮制表带。

表底颜色不得夸张、花哨，不允许佩戴表底颜色花哨、超大或卡通、运动、前卫手表。

第四章　民航服务人员举止礼仪的修炼

知识目标

1. 了解基本举止礼仪。
2. 掌握并熟练运用常用举止礼仪。

案例　被“抖”掉的合同

有一位美国华侨到国内洽谈业务，洽谈了好几次，最后一次来之前，他对朋友说：“这是我最后一次洽谈了，我要跟他们的最高领导谈，谈得好，就可以拍板。”过了两个星期，他又回到了美国，但并没有谈好。朋友问其原因，他回答：“对方很有诚意，谈得也很好。就是跟我谈判的这个领导坐在我的对面不时地抖着他的双脚，我觉得还没有跟他合作，我的财都被抖掉了。”

第一节　基本举止礼仪

举止指人的姿态和风度。日常生活中人的一抬手一投足、一颦一笑，都可概括为举止。举止是一种不说话的“语言”，能在很大程度上反映一个人的素质、受教育的程度以及能够被别人信任的程度。在社会交往中，一个人的行为既能体现他的道德修养、文化水平，又能表现出他与别人交往是否有诚意，更关系到一个人形象的塑造，甚至会影响国家和民族的形象；冰冷生硬、懒散懈怠、矫揉造作的行为，无疑有损于良好的形象。相反，从容潇洒的动作给人以清新明快的感觉，端庄含蓄的行为给人以深沉稳健的印象，坦率的微笑则使人赏心悦目。

作为一名民航服务人员，举手投足都代表着航空公司乃至民航系统的服务水平。因此，民航服务人员应该提高自身的修养，使自己成为一名举止端庄、稳重而优雅的民航服务人员。

一、站姿

站立是人们日常交往中一种最基本的举止，更是民航服务人员的基本功之一。站姿是人静态的造型动作，优美、典雅的站姿是发展人的动态美的基础和起点。优美的站姿能显示个人的自信，衬托出美好的气质和风度，并给他人留下美好的印象。

站立时，竖看要有直立感，即以鼻子为中线的人体应大体成直线；横看要有开阔感，即肢体及身段应给人舒展的感觉；侧看要有垂直感，即从耳至脚踝骨应大体成直线。男女的站姿亦应形成不同的风格：男子的站姿应刚毅洒脱，挺拔向上；女子应站得庄重大方，秀雅优美。

（一）肃立站姿（男士、女士）

身体立直，抬头挺胸，下颌微收，双目平视，嘴角微闭，双手自然垂直于身体两侧，双膝并拢，两腿绷直，脚跟靠紧，脚尖分开呈“V”字形（如下图）。此种站姿适用于参加升国旗仪式等庄重严肃的场合，或参加遗体告别仪式等。该站姿男女均适用。

（二）男士站姿

1. 标准乘务员站姿（前握式）

身体立直，抬头挺胸，下颌微收，双目平视，嘴角微闭，双脚平行分开，两脚间距离不超过肩宽，一般以 20cm 为宜，双手手指自然并拢，右手搭在左手上，轻贴于腹部，不要挺腹或后仰（如下图）。

2. 安检站姿（后握式）

身体立直，抬头挺胸，下颌微收，双目平视，嘴角微闭，双脚平行分开，两脚之间距离不超过肩宽，一般以 20cm 为宜，双手在身后交叉，右手搭在左手上，贴于臀部与腰部之间的位置（安检岗位的女士同样适用）。

（三）女士站姿

1. 标准乘务员站姿

身体立直，抬头挺胸，下颌微收，双目平视，嘴角微闭，面带微笑，两脚尖略分开，右脚在前，将右脚跟靠在左脚脚弓处，两脚尖呈“丁”字形，双手自然并拢，右手搭在左手上，轻贴于腹前，身体重心可放在两脚上，也可放在一脚上，并通过重心的移动减轻疲劳（如下图）。

（四）注意事项

（1）站立时，切忌东倒西歪、无精打采，不可懒散地倚靠在墙上或桌子上。

（2）不要低着头、歪着脖子，不要含胸、端肩、驼背。

（3）不要将身体的重心明显地移到一侧，只用一条腿支撑身体。

（4）身体不要下意识地做小动作。

（5）在正式场合，不要将手放在裤袋里面，切忌双手交叉抱在胸前，也不能双手叉腰。

（6）男子双脚左右开立时，注意两脚之间的距离不可过大，不要挺腹翘臀。

（7）不要两腿交叉站立。

综上，站立时切忌东倒西歪、耸肩驼背、左摇右晃，两脚间距不能过大。站立交谈时，身体不要倚门、靠墙、靠柱，双手可随说话的内容做一些手势，但手势不能太多，弧度不能太大，以免显得粗鲁。在正式场合站立时，不要将手插入裤袋或交叉在胸前，更不能下意识地做小动作，如摆弄衣角、咬手指甲等，这样做不仅显得拘谨，而且给人以缺乏自信、缺乏经验的感觉。良好的站姿应该有挺、直、高的感觉，像松树一样舒展、挺拔、俊秀。

二、走姿

走姿是人体所呈现出的一种动态动作，是站姿的延续。走姿是展现人的动态美的重要形式，最能体现出一个人的精神面貌。行走姿态的好坏可反映人的内心境界和文化素养，能够展现出一个人的风度、风采和韵味。

（一）标准走姿要领

(1) 走姿是站姿的延续动作，行走时必须保持站姿中除手和脚以外的各种要领。

(2) 走路使用腰力，身体重心宜稍向前倾。

(3) 跨步均匀，步幅约一只脚到一只半脚。

(4) 迈步时，两腿间距离要小。女性穿裙子或旗袍时要走成一条直线，使裙子或旗袍的下摆与脚的动作协调，呈现优美的韵律感；穿裤装时，宜走成两条平行的直线。

(5) 出脚和落脚时，脚尖、脚跟应与前进方向近乎一条直线，避免“内八字”或“外八字”。

(6) 两手前后自然协调摆动，手臂与身体的夹角一般在10°～15°，由大臂带动小臂摆动，肘关节只可微曲。

(7) 上下楼梯时应保持上体正直，脚步轻盈平稳，尽量少用眼睛看楼梯，最好不要手扶栏杆。

1. 行走辅助训练

(1) 摆臂：直立，保持基本站姿，在距离小腹两拳处确定一个点，两手呈半握拳状，斜前方均向此点摆动，由大臂带动小臂。

(2) 展膝：保持基本站姿，左脚跟起踵，脚尖不离地面，左脚跟落下时右脚跟同时起踵，两脚交替进行，脚跟提起的腿屈膝，另一条腿膝部内侧用力绷直。做此动作时，两膝靠拢，内侧摩擦运动。

（3）平衡：行走时，在头上放个小垫子或书本，用左右手轮流扶住，在能够掌握平衡之后再放下手进行练习，要保持物品不掉下来。通过训练，使背脊、脖子竖直，上半身不随便摇晃。

2. 迈步分解动作练习

（1）保持基本站姿，双手叉腰，左腿擦地前点地，与右脚相距一个脚长，右腿直腿蹬地，髋关节迅速前移重心，成右后点地，然后换方向练习。

（2）保持基本站姿，两臂体侧自然下垂。左腿前点地时，右臂移至小腹前的指定点位置，左臂向后斜摆，右腿蹬地，重心前移成右后点地时，手臂位置不变，然后换方向练习。

3. 行走连续动作训练

（1）左腿屈膝，向上抬起，提腿向正前方迈出，脚跟先落地，经脚心、前脚掌至全脚落地，同时右脚后跟向上慢慢垫起，身体重心移向左腿。

（2）换右腿屈膝，经过与左腿膝盖内侧摩擦向上抬起，勾脚迈出，脚跟先着地，落在左脚前方，两脚间相隔一脚距离。

（3）迈左腿时，右臂在前；迈右腿时，左臂在前。

（4）将以上动作连贯运用，反复练习。

三、蹲姿

在日常生活中，人们对掉在地上的东西，一般是弯腰或蹲下将其捡起。身为民航服务人员，在工作场合像普通人一样采用一般随意弯腰蹲下捡起的姿势是不合适的。

（一）基本蹲姿

（1）下蹲拾物时，应自然、得体、大方，不遮遮掩掩。

（2）下蹲时，两腿合力支撑身体，避免滑倒。

（3）下蹲时，应使头、胸、膝关节在一个角度上，使蹲姿优美。

（4）女士无论采用哪种蹲姿，都要将腿靠紧，臀部向下。

（5）男士不可将两条腿张太开，要与军姿的蹲姿区别开来，蹲下后双腿成平行状态，相间一拳远即可。

（二）高低式蹲姿

下蹲时右脚在前，左脚稍后，两腿靠紧向下蹲。右脚全脚着地，小腿基本垂直于地面，左脚脚跟提起，脚掌着地。左膝低于右膝，左膝内侧靠于右小腿内侧，形成右膝高左膝低的姿态，臀部向下，基本上以左腿支撑身体（如下图）。

（三）交叉式蹲姿

在实际生活中常常会用到蹲姿，如集体合影前排需要蹲下时，女士可采用交叉式蹲姿。下蹲时右脚在前，左脚在后，右小腿垂直于地面，全脚着地。左膝由后面伸向右侧，左脚跟抬起，脚掌着地。两腿靠紧，合力支撑身体。臀部向下，上身稍前倾（如下图）。

（四）不雅蹲姿

（1）弯腰捡拾物品时，两腿叉开，臀部向后撅起，是不雅观的姿态（如下图）。两腿展开平衡下蹲，其姿态也不优雅。

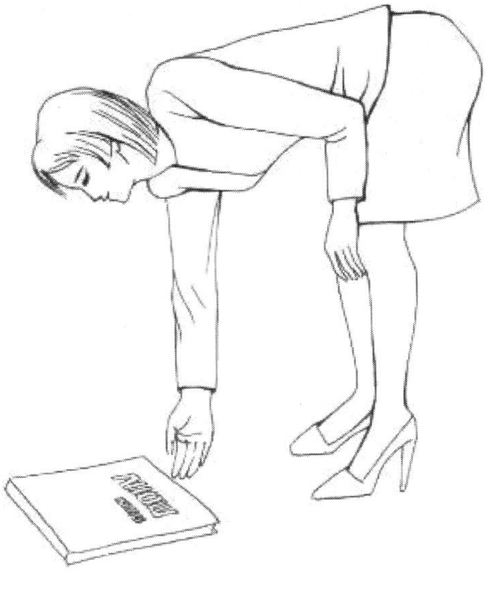

(2) 下蹲时注意内衣“不可以露，不可以透”。若用右手捡东西，可以先走到东西的左边，右脚向后退半步后再蹲下来。脊背保持挺直，臀部一定要蹲下来，避免弯腰翘臀的姿势。男士两腿间可留有适当的缝隙，女士则要两腿并拢，穿旗袍或短裙时需更加留意，以免尴尬。

四、坐姿

坐的姿势，一般称为坐姿。它指人在就座以后身体所保持的一种姿势。标准坐姿是人们将自己的臀部置于椅子、凳子、沙发或其他物体之上，以支持自己身体重量，双脚则需放在地上。从根本上看，坐姿应当算是一种静态的姿势。对民航服务人员而言，不论是工作还是休息，坐姿都是其经常采用的一种姿势。

（一）正确坐姿要领

(1) 入座时要稳、要轻。就座时要不紧不慢，大大方方地从座椅的左后侧走到座位前，轻稳地坐下。若是裙装，应用手将裙稍稍拢一下，不要坐下来后再站起来整理衣服。

(2) 面带笑容，双目平视，嘴唇微闭，微收下颚。

(3) 双肩放松平正，两臂自然弯曲放于椅子或沙发扶手上。

(4) 坐在椅子上，要立腰、挺胸，上体自然挺直。

(5) 双膝自然并拢，双腿正放或侧放，双脚平放或交叠。

(6) 坐在椅子上，至少要坐满椅子的三分之二，脊背轻靠椅背。

(7) 坐时不可前倾后仰，不可歪歪扭扭。两腿不可过于叉开，也不可长长地伸出去，不可高跷二郎腿，也不可大腿并拢、小腿分开，或腿不停地抖动。

（二）标准坐姿要领

入座时走到座位前，转身后把右脚向后撤半步，轻稳坐下，然后把右脚与左脚并齐，坐在椅上。上体自然挺直，头正。表情自然亲切，目光柔和，嘴微闭，两肩平正放松，两臂自然弯曲放在膝上，也可以放在椅子或沙发扶手上，掌心向下，两脚平落地面。起立时右脚先后收半步，然后站起。一般来说，在正式社交场合，要求男性两腿之间有一拳的距离，女性两腿并拢无空隙，两腿自然弯曲。两脚平落地面，不宜前伸。在日常交往场合，男性可以跷腿，但不可跷得过高或抖动，女性大腿并拢，小腿交叉，但不宜向前伸直。

（三）女士坐姿要领

女士就座时，双腿并拢，以斜放一侧为宜，双脚可稍有前后之差，即若两腿斜向左方，则右脚放在左脚之后；若两腿斜向右方，则左脚放置右脚之后。这样正面看来双脚交成一点，可延长腿的长度，也显得颇为娴雅。女士分腿而坐显得不够雅观，腿部倒“V”字式也是不提倡的，若穿裙装应有抚裙的动作。一般来说，在正式社交场合，要求女性两腿并拢无空隙，两腿自然弯曲，两脚平落地面，不宜前伸。在日常交往场合，女性大腿并拢，小腿交叉，但不宜向前伸直。

女士怎样才能做到优雅地叠腿而坐呢？在基本坐姿的基础上，双腿可略向前伸直，脚踝相叠，保持坐姿平稳，双腿同时轻轻离地向回收，相叠部位由脚踝过渡到膝盖，双腿向一侧倾斜，略微调整。在美观的基础上，以稳定、舒适为宜。

（四）男士坐姿要领

男子就座时，双脚可平踏于地，双膝亦可略微分开，双手可分置左右膝盖之上，穿西装时应解开上衣纽扣。一般正式场合，要求男性两腿之间可有一拳的距离。在日常交往场合，男性可以跷腿，但不可跷得过高或抖动。

欧美国家的男士叠腿而坐时，是把小腿部分放在另一条腿的膝盖上，大腿之间是有缝隙的，但注意脚不要跷得太高，以免鞋底正对旁边的客人。在与欧美国家人士交往时，需注意对方的习俗，这样更有助于双方的沟通。

（五）常用坐姿

1. 正襟危坐式

正襟危坐式是最基本的坐姿，适用于最正规的场合。要求上身与大腿、大腿与小腿、小腿与地面都成直角。双膝双脚完全并拢，男女适用（如下图）。

2. 垂腿开膝式

为男性所采用，也较为正规。要求上身与大腿、大腿与小腿皆成直角，小腿垂直于地面，双膝分开，但不得超过肩宽（如下图）。

3. 双腿叠放式

适合穿短裙的女士采用，造型极为优雅，有一种大方高贵之感。要求将双腿完全地一上一下交叠在一起，交叠后的两腿之间没有任何缝隙，犹如一条直线。双腿斜放于左侧或右侧，斜放后腿部与地面呈 45 度夹角，叠放在上的脚尖垂向地面（如下图）。

4. 双腿斜放式

适用于穿裙子的女性在较低处就座时采用。要求双膝先并拢，然后双脚向左或向右斜放，斜放后腿部与地面呈 45 度角（如下图）。

5. 双脚交叉式

适用于各种场合，男女皆可选用。要求双膝先要并拢，然后双脚在踝部交叉（如下图）。交叉后的双脚可以内收，也可以斜放，但不宜向前方远远直伸出去。

6. 双脚内收式

适合一般场合采用，男女皆宜。要求两大腿首先并拢，双膝略打开，两条小腿分开后向内侧屈回。

7. 前伸后屈式

女性适用的一种优美的坐姿。要求大腿并紧之后向前伸出一条腿，并将另一条腿屈后，两脚脚掌着地，双脚前后要保持在同一条直线上。

8. 大腿叠放式

男性在非正式场合可采用此种坐姿。要求两条腿在大腿部分叠放在一起。叠放之后位于下方的一条腿垂直于地面，脚掌着地；位于上方的一条腿小腿向内收，同时脚尖向下（如下图）。

（六）七种错误坐姿

1. 仅用脚跟触地

入座后如果以脚触地，通常不允许仅以脚跟触地，而将脚尖跷起。

2. 随意架腿

坐下之后架起腿来未必不可，但正确的做法应当是两条大腿相架，并且不留空隙。如果把一条小腿架在另外一条大腿上，并且留有大大的空隙，就不妥当了。

3. 腿部抖动摇晃

在别人面前就座时，切勿反复抖动或是摇晃自己的腿部，免得令人心烦意乱，或者给人以不够安稳的感觉。

4. 双腿直伸出去

在坐下之后不要把双腿直挺挺地伸向前方。若身前有桌子的话，则要防止把双腿伸到其外面去。这样做不但损害坐姿的美感，而且还会妨碍他人。

5. 腿部高跷或蹬踩

为了贪图舒适，将腿部高高跷起，架上、蹬上、踩踏身边的桌椅，或者盘在本人所坐的座椅上，都是不妥的。

6. 脚尖指向他人

坐下后一定要避免自己的脚尖直指别人，跷脚之时尤其忌讳这一动作。令脚尖垂向地面，或斜向左侧或右侧才是得体的。

7. 双腿过度叉开

面对别人时，双腿过度地叉开是极不文明的。不管是过度地叉开大腿还是过度地叉开小腿，都是失礼的表现。

五、微笑

（一）微笑的意义

在日常的人际交往中，最能迅速传递给对方信息的是你的面部表情。微笑，一种令人感觉愉快的面部表情，展示着你的诚意，象征着你的友善，即刻会缩短你与对方的心理距离，为沟通和交往营造出和谐氛围。英国诗人雪莱说："微笑，实在是仁爱的象征，快乐的源泉，亲近别人的媒介。有了微笑，人类的感情就沟通了。"

微笑应当是上翘嘴角，双颊肌肉上抬。当然，微笑不能单纯从动作分解出发，首先必须要有真诚的心态和心境。

微笑表现真挚友善的礼貌态度，它能起到增进友爱、推动沟通、体现热情、愉悦心情的作用。微笑应发自内心，渗透情感，表里如一。不能虚情假意，假模假样，露出机械式笑容，也不能冷笑、傻笑、干笑、苦笑、皮笑肉不笑。自然大方、真实亲切和不加修饰的微笑才具有感染力。

微笑表现出自信、乐观的良好修养。要对自己充满信心，对工作一丝不苟，对别人以诚相待。微笑的表情让人愉快舒心，可施加正面和良性的影响，它告诉对方你是善意的使者，是能信赖、能依靠的对象。在人际交往时，最不该表情冷漠或瞪眼皱眉，这样会导致对方十分难堪，迫使对方尽快结束痛苦的交往过程。

微笑是人际交往的润滑剂，是消除芥蒂、化解矛盾、排遣紧张、缓解压力、慰藉他人、关怀他人、广交朋友、友善待人的有效方式。见面时握手、问候、交换名片以至交谈都需要微笑。政务人员、商务人员和服务行业人员，以及全社会人员都需要微笑。

古语云："没有笑颜不开店。"微笑可以赢得高朋满座，产生最大的经济效益。美国一家旅行社的总裁曾衷心告诫航空公司的空姐们："Smile，Smile，Smile 等于成功。"由此可见，微笑是民航服务人员最基本的礼仪要求和基本的职业素养。在工作中，民航服务人员应该处处体现微笑服务，做到对乘客笑容可掬。

（二）笑容程度

生活中，笑有微笑、轻笑、大笑以及羞怯的笑、尴尬的笑、嘲讽的笑等许多种，其中最美的是微笑。在礼仪交往中，经常要使用到几种不同程度的笑。

1. 微笑

微笑是对人的尊重和理解。微笑是一种礼节，见面时点头微笑，人们会意识到这是尊重和欢喜的表示。微笑是最富魅力的体态语言之一。发自内心的微笑是渗透情感的微笑，包含着对人的关怀、热忱和爱心。情是微笑的一种重要内力，它赋予微笑以色彩、能量，从而形成强烈的感染力。

微笑是指不露牙齿，嘴角的两端略向上翘起，眼神中有笑意。人际交往中为了表示尊重和友好，微笑是必要的。微笑是一种健康的、文明的举止，一张甜蜜的带着微笑的脸总是受人喜爱的。

2. 轻笑

轻是指嘴唇轻启，露出牙齿，眼神中笑意更深的笑容。在表示热情的欢迎、愉快的会谈、高兴与某人相识等情境下会使用轻笑。

3. 大笑

大笑时眼睛变小，嘴巴张开。人们往往比较欣赏男士的开怀大笑，而女士在大笑时应用手略遮掩一下嘴部。

（三）微笑的原则

1. 微笑的“四要”

一要真诚。口眼鼻眉肌结合，做到真笑。发自内心的微笑，会自然调动人的五官，使眼睛略眯、眉毛上扬、鼻翼张开、脸肌收拢、嘴角上翘。

二要神情结合，显出气质。笑的时候要精神饱满、神采奕奕、亲切甜美。

三要声情并茂，相辅相成。只有声情并茂，你的热情、诚意才能为人理解，并起到锦上添花的效果。

四要与仪表举止的美和谐一致，从外表上形成完美统一的效果。

2. 微笑的“四不要”

一不要缺乏诚意、强装笑脸。

二不要露出笑容随即收起。

三不要仅为情绪左右而笑。

四不要把微笑只留给上级、朋友等少数人。

（四）微笑的练习

1. 第一阶段——放松嘴唇周围肌肉

放松嘴唇周围肌肉是微笑练习的第一阶段，又名“哆来咪练习”的嘴唇肌肉放松运动，是从低音“哆”开始，到高音“哆”，大声地清楚地说三次每个音。不是连着练，而是一个音节一个音节地发音，为了正确发音应注意嘴形。

2. 第二阶段——给嘴唇肌肉增加弹性

形成笑容时最重要的部位是嘴角，锻炼嘴唇周围的肌肉，能使嘴角的移动变得更干练好看，也可以有效地预防皱纹。

如果嘴唇周围变得干练有生机，整体表情就给人有弹性的感觉，不知不觉中显得更年轻。练习时伸直背部，坐在镜子前面，反复练习，最大限度地收缩或伸张。

张大嘴：张大嘴使嘴唇周围的肌肉最大限度地伸张，能感觉到颚骨受刺激的程度，并保持这种状态 10 秒。

使嘴角紧张：闭上张开的嘴，拉紧两侧的嘴角，使嘴唇在水平上紧张起来，并保持 10 秒。

聚拢嘴唇：使嘴角紧张的状态下，慢慢地聚拢嘴唇。出现圆圆的卷起来的嘴唇聚拢在一起的感觉时，保持 10 秒。

保持微笑 30 秒。反复进行这一动作 3 次左右。

这一阶段的练习还有一种方法：用门牙轻轻地咬住木筷子，把嘴角对准木筷子，两边都要翘起，并观察连接嘴唇两端的线是否与木筷子在同一水平线上。保持这个状态 10 秒。在这一状态下，轻轻地拔出木筷子，练习维持这一状态。

3. 第三阶段——形成微笑

这是在放松的状态下练习笑容的过程，练习的关键是使嘴角上升的程度一致。如果嘴角歪斜，表情就不会太好看。练习各种笑容的过程中，就会发现最适合自己的微笑。

小微笑：把嘴角两端一齐往上提，给上嘴唇拉上去的紧张感，稍微露出两颗门牙。保持 10 秒之后，恢复原来的状态并放松。

普通微笑：慢慢使肌肉紧张起来，把嘴角两端一齐往上提，给上嘴唇拉上去的紧张感，露出上门牙六颗左右，眼睛也笑一点。保持 10 秒后，恢复原来的状态并放松。

大微笑：一边拉紧肌肉，使之强烈地紧张起来，一边把嘴角两端一齐往上提，露出十个左右的上门牙，也稍微露出下门牙。保持 10 秒后，恢复原来的状态并放松。

4. 第四阶段——保持微笑

一旦寻找到满意的微笑，就要进行至少维持那个表情 30 秒的训练。重点进行这一阶段的练习，可以获得很好的效果。

5. 第五阶段——修正微笑

认真地进行了训练后，如果笑容还是不那么完美，就要寻找其他部分是否有问题，并根据找到的问题进行相应的修正。

例如，若嘴角上升时会歪，这时就要利用木制筷子进行训练。刚开始会比较难，但若反复练习，就会不知不觉中两边一齐上升，形成干练的微笑。

又如，若笑时露出牙龈往往显得没有自信。这时候不要遮嘴，需要腼腆地笑。自然的笑容可以弥补露出牙龈的缺点。

第二节 常用举止礼仪

一、鞠躬礼

（一）鞠躬礼的含义

鞠躬，意思是弯身行礼，是表示对他人敬重的一种郑重礼节。

此种礼节一般是下级对上级或同级之间、学生向老师、晚辈向长辈、服务人员向宾客表达由衷的敬意。

鞠躬主要表达“弯身行礼，以示恭敬”的意思。鞠躬礼是中国、日本、韩国、朝鲜等国家传统的、普遍使用的一种礼节。例如，对日本人来说，鞠躬的程度表达不同的意思。弯 15 度左右，表示致谢；弯 30 度左右，表示诚恳和歉意；弯 90 度左右，表示忏悔、改过和谢罪。

鞠躬对韩国和朝鲜人来说也很讲究。我们经常看到韩国和朝鲜妇女在会谈、宴会或做客时，一手提裙，一手下垂鞠躬，告别时面对客人慢慢退去，表示一种诚恳和敬意。

（二）我国鞠躬礼运用的场合

（1）鞠躬适用于庄严肃穆、喜庆欢乐的仪式场合。

（2）日常生活中学生对老师、晚辈对长辈、下级对上级、表演者对观众等都可行鞠躬礼。

（3）领奖人上台领奖时，向授奖者及全体与会者鞠躬行礼。

（4）演员谢幕时，对观众的掌声常以鞠躬致谢。

（5）演讲者也用鞠躬来表示对听众的敬意。

（6）遇到客人或表示感谢或回礼时，或是遇到尊贵客人时，可行鞠躬礼。

（三）鞠躬礼要领

（1）行礼时，立正站好，保持身体端正。

（2）面向受礼者，距离为两三步远。

（3）以腰部为轴，整个肩部向前倾 15 度以上（一般是 60 度，具体视行礼者对受礼者的尊敬程度而定），同时问候“您好”“早上好”“欢迎光临”等等。

（4）朋友初次见面时，同志之间、宾主之间、下级对上级及晚辈对长辈等，都可以行鞠躬行礼表达对对方的尊敬。

（四）常用的鞠躬礼

1. 15 度鞠躬礼

15 度鞠躬礼，又叫欠身礼。用于多种商务场合，在站、坐、走时均可使用。如与客户交错而过时，面带微笑，行 15 度鞠躬礼，头和身体自然前倾，低头比抬头慢。

行鞠躬礼时面对客人，并拢双脚，视线由对方脸上落至自己的脚前 3 米处或脚前，男性双手放在身体两侧，女性双手合起放在身体前面（如下图）。

2. 30度鞠躬礼

用于公众场合或接送普通客户时，行礼度数为看到脚尖前方1.5米处。

3. 45度鞠躬礼

用于重要场合，行礼度数为看到脚尖前方1米处。

鞠躬时若戴着帽子，应将帽子摘下。因为戴帽子鞠躬既不礼貌，也容易滑落，使自己处于尴尬境地。鞠躬时目光应向下看，表示一种谦恭的态度。不要一面鞠躬，一面试图翻起眼睛看对方。

二、眼神

人的眼神是面部表情中最丰富生动的，也是最善于传情达意的。在人与人的交往中，语言固然是重要的手段，但有的时候不用语言也能达到交际目的，那就是通过眼神来表达情感和思想，许多时候甚至是无声胜有声。所以，在人际交往中，我们别忘了用眼神来传递信息。眼神的运用是颇有讲究的。民航服务人员要有良好的交际形象，目光应是坦然、亲切、和蔼、有神，要传递出真诚与友善。

（一）注视区域

场合不同，注视的部位也不同。注视一般分为公务凝视、社交凝视、亲密凝视。

1. 公务凝视

在洽谈、磋商、谈判等严肃场合，目光要给人一种严肃、认真的感觉。注视的位置在对方双眼或双眼与额头之间的区域。

2. 社交凝视

这是指在各种社交场合使用的注视方式。注视的位置在对方唇心到双眼之间的三角区域。

3. 亲密凝视

这是亲人之间、恋人之间、家庭成员之间使用的注视方式。凝视的位置在对方双眼到胸之间。

（二）注视方式

无论是使用公务凝视、社交凝视或是亲密凝视，都要注意不可将视线长时间固定在所要注视的位置上。这是因为，人本能地认为，过分地被人凝视是在窥视自己内心深处的隐私。所以，双方交谈时，应适当地将视线从固定的位置上移动片刻，这样能使对方心理放松，感觉平等，易于交往。

当与人说话时，目光要集中注视对方；听人说话时，要看着对方眼睛，这是一种既讲礼貌又不易疲劳的方法。如果表示对谈话感兴趣，就要用柔和友善的目光正视对方的眼区；如果想要中断与对方的谈话，可以有意识地将目光稍稍转向他处。注意尽量不要将两眼视线直射对方眼睛，因为对方除了会以为你在窥视他心中的隐秘，还会认为在向他表示不信任、审视和抗议。但在谈判和辩论时，就不要轻易移开目光，直到逼对方目光转移为止。当对方说了错误的话正在拘谨害羞时，不要马上转移自己的视线，而要用亲切、柔和、理解的目光继续看着对方；否则对方会误认为你高傲，在讽刺和嘲笑他。谈兴正浓时，切勿东张西望或看表，否则对方会以为你听得不耐烦，这是一种失礼的表现。

（三）注视时间

与人交谈，视线接触对方脸部的时间应该占全部谈话时间的30％到60％，超过这一数值会被认为是对谈话者本人比谈话内容更感兴趣，低于这一数值则说明对谈话者和谈话内容都不感兴趣，因此要把握好这一时间的度。长时间凝视对方会被认为是对私人空间或势力范围的侵犯，是不礼貌或挑衅的行为；完全不看对方，则又被认为是自高自大、傲慢无礼的表现，或者试图去掩饰什么，如空虚、慌张等。

在整个交谈过程中，与对方目光接触应该累计达到全部交谈时间的50%到70%，其余30%到50%时间可注视对方脸部以外5至10米处，这样比较自然、有礼貌。

交谈时通常还需要注意以下几点：

(1) 在交谈中，听的一方通常应多注视说的一方，目光与对方接触时间一般占全部相处时间的三分之一。

(2) 若对方是同性，应该不时与对方双目对视，以示尊重。

(3) 如果双方关系密切，则可较多、较长时间地注视对方，以拉近心理距离。

(4) 如果对方是异性，双目对视不宜持续超过10分钟，长时间目不转睛地注视不仅使对方不自在，也是不礼貌的。

三、手势

(一) 手势含义

一般认为，掌心向上的手势是一种诚恳、尊重他人的表现；掌心向下的手势意味着不够坦率、缺乏诚意等；攥紧拳头暗示进攻和自卫，也表示愤怒；伸出手指来指点，是要引起他人的注意，含有教训人的意味。如果对方双手自然摊开，表明对方心情轻松，坦诚而无顾忌；如果对方以手支头，表明对方要么对你的话全神贯注，要么十分厌烦；对方用手成“八”字形托住下颏，是沉思与深算的表现；对方用手挠后脑或抓耳垂，表明对方有些羞涩或不知所措；若手无目的地乱动，说明对方很紧张，情绪难控；如果不自觉地摸嘴巴、擦眼睛，对方十有八九没说实话；对方双手相搓，如果不是天冷，就是在表达一种期待；对方与你说话时，双手插于口袋，则显示没把你放在眼里或不信任你。

（二）常用的手势

1. 横摆式

迎接来宾做“请进”“请”时常用横摆式。

动作要领：右手从腹前抬起向右横摆到身体的右前方，腕关节要低于肘关节，站成右“丁”字步，或双腿并拢，左手自然下垂或放在前面。头部和上身微向伸出手的一侧倾斜，目视宾客，面带微笑，表现出对宾客的尊重、欢迎（如下图）。

2. 直臂式

需要给宾客指方向时或做“请往前走”手势时，采用直臂式。

动作要领：将右手由前抬到与肩同高的位置，前臂伸直，用手指向来宾要去的方向。一般男士使用这个动作较多。指引方向时，不可用一根手指指出，这是不礼貌的。

3. 斜摆式

请来宾入座做“请坐”手势时，手势应摆向座位的地方。手要先从身体的一侧抬起，到高于腰部后，再向下摆去，使大小臂成一条斜线。

动作要领：一只手由前抬起，从上向下摆动到距身体 45 度处，手臂向下形成一条斜线（如下图）。

4. 曲臂式

当一只手拿东西，同时又要做出“请”或指示方向时采用。以右手为例，从身体的右侧前方，由下向上抬起，至上臂离开身体 45 度的高度时，以肘关节为轴，手臂由体侧向体前的左侧摆动，距离身体 20 厘米处停住。掌心向上，手指尖指向左方，头部随客人由右转向左方，面带微笑（如下图）。

5. 双臂横摆式

当举行重大庆典活动，来宾较多，接待较多来宾做“诸位请”或指示方向的手势时采用。表示“请”可以动作大一些。

动作要领：将双手由前抬起到腹部再向两侧摆到身体的侧前方。若站在来宾的前面，指向前进方向一侧的臂应抬高一些，伸直一些，另一臂稍低一些，弯曲一些。

若站在来宾的侧面，则两手从体前抬起，同时向一侧摆动，两臂之间保持一定的距离。

（三）各国常见手势

举大拇指手势的含义：在我国，右手或左手握拳，伸出大拇指，表示“好”“了不起”等，有赞赏、夸奖之意；在意大利，伸出拇指表示数字“一”；在希腊，拇指上伸表示“够了”，拇指下伸表示“厌恶”“坏蛋”；在美国、英国和澳大利亚等国，拇指上伸表示“好”“行”“不错”，拇指左、右伸则大多是向司机示意搭车方向。

举食指的含义：在多数国家表示数字“一”；在法国则表示“请求提问”；在新加坡表示“最重要”；在澳大利亚则表示“请再来一杯啤酒”。

“V”形手势的含义：这个动作在世界上大多数地方伸手示数时表示“二”，现在常用来表示胜利。不过，表示胜利时，手掌一定要向外，如果手掌向内，就有贬低人、侮辱人的意思了。在希腊，做这一手势时，即使手心向外，如手臂伸直，也有对人不恭之嫌。

“OK”形手势的含义：在我国和世界上其他一些地方，伸手示数时该手势表示“零”或“三”；在美国、英国表示“赞同”“了不起”的意思；在法国，表示零或没有；在日本表示懂了；在泰国表示“没问题”“请便”；在韩国、缅甸表示金钱；在印度表示“正确”“不错”；在突尼斯表示“傻瓜”；在巴西表示侮辱男人、引诱女人。

第五章　民航服务人员待人接物礼仪的锻造

知识目标

1. 熟练运用日常见面礼仪。
2. 熟练掌握日常交往礼仪。
3. 了解特殊见面礼仪和交往礼仪。

案例　特别的“介绍信”

某公司经理在众多的求职者中录用了一个没有任何推荐人的小伙子。有人对他的做法感到纳闷。该经理说：“他带了许多介绍信：他神态清爽，服饰整洁，在门口蹭掉了脚下带来的土，进门后随手轻轻地关上了门，当他看到残疾人时主动让座，进了办公室，其他的人都从我故意放在地板上的那本书上迈过去，而他却很自然地俯身捡起来并放在桌上，他回答问题简洁明了，干脆果断，难道这些不是最好的介绍信吗？”

第一节　日常见面礼仪

一、称呼礼仪

称呼指的是人们在日常交往当中所采用的彼此之间的称谓语。称呼是交际语言中的先锋官，在人际交往中，选择正确、适当的称呼可反映出自身的教养和对对方尊敬的程度，甚至还体现着双方关系发展所达到的程度和社会风尚。因此，选择称呼要合乎常规，要照顾被称呼者的个人习惯，入乡随俗。在工作岗位上，人们彼此之间的称呼是有其特殊性的，要做到庄重、正式、规范。

（一）称呼的原则

1. 礼貌原则

在称呼别人时，要讲究礼貌，常用的尊称有“您”“贵”“贤”“尊”。

2. 尊敬原则

对于职位比较高的同事或前辈，在称呼时，要体现自己对对方的尊敬。

3. 恰当原则

对对方的称呼，要讲究恰当。比如对司机、厨师称“师傅”可以，但是对医生、教师称“师傅”就不恰当了。

在人际交往中，称呼上的礼节也要特别注意。初次见面时，不明对方身份，可称“同志”，年龄较大的男同志可称“大伯”“老大爷”“老先生”，年龄较大的女同志可称“阿姨”，对中年女士可称“大姐”“女士”，对青年女士则可称“小姐”，对男士称“先生”。

（二）称呼的礼节

对有职务、职称和学位的知识界人士，可以直接用职业名称来称呼，如“医生”“老师”，也可以冠以姓，如“刘老师”“王医生”。在办公室中，一般不要与同事以绰号相称，这会给人一种散漫、随便的感觉。

二、介绍礼仪

介绍是交际中重要的一环，介绍的礼节是通往交际大门的钥匙，是社交场合中相互了解的基本方式。介绍礼仪包括为他人作介绍或相互之间的自我介绍。

为他人做介绍时有一个基本原则，即地位较高或年龄较大的一方有了解的优先权。因此，为他人介绍的先后顺序应当是先向身份高者介绍身份低者，先向年长者介绍年幼者，先向女士介绍男士。介绍时，除女士和年长者外，一般应起立。在宴会桌、会谈桌旁则不必起立，被介绍者可以微笑表示。

自我介绍一般包括姓名、职业、单位、籍贯、经历、年龄、特长和兴趣等内容。

三、握手礼仪

握手是社交场合中运用最多的一种礼节。销售人员与顾客之初次见面，经过介绍后或介绍的同时，握手会拉近销售人员与顾客间的距离。但握手是有讲究的，不加注意就会给顾客留下不懂礼貌的印象。销售人员在与顾客握手时，要主动热情、自然大方、面带微笑，双目注视顾客，切不可斜视或低着头，可根据场合，一边握手，一边寒暄致意，如“您好”“谢谢”“再见”等等。

对年长者和有身份的顾客，应双手握住对方的手，稍稍欠身，以表示敬意。

（一）握手的姿势

握手时要注意调整自己的姿势。握手的时候，要向对方点头，表示对对方的尊敬；或用力摇晃几下，以示热情。握得太轻，或不握住对方的手掌而只是几个手指和对方的手碰一下，是一种失礼的行为。纯礼节意义上的握手姿势：伸出右手，稍用力握住对方的手掌，双目注视对方，面带笑容，上身略微前倾，头微低（如下图）。

（二）握手的时间

握手的时间不宜过长也不宜过短，一般控制在五秒以内。如遇见老朋友，双方特别亲热，握手时间可稍长一些，这时不仅右手相握，还可以用左手握住对方的右手臂。

（三）握手的卫生

在会客之前，若时间许可，可以做一下手部的准备。先洗手，然后用护肤品滋润，这样在与客人握手时就会给对方留下较好的触感印象。有些人有手汗，若以汗湿的手与人相握，是很失礼的。建议常冒手汗的朋友在伸出右手之前，先做整理衣袖或衣襟的模样，然后握手，这样可以避免尴尬。

（四）握手的禁忌

握手之前，男性应脱下手套，摘下帽子；女性的戒指如果戴在手套外面，可不脱手套，否则也要脱掉手套与人握手。

不宜用左手与人握手，不宜与多人交叉握手，不宜戴着墨镜与人握手。有不少女性喜欢手心朝下，只用手指部分与对方相握，以显示她们的矜持和尊贵。其实这种行为是有失礼仪的，如果不是在行吻手礼，女士不宜采用这种姿势。

（五）握手的先后顺序

与许多人同时见面时，握手次序要顺其自然，不交叉握手。与他人握手时最有礼貌的顺序：先上级后下级，先长辈后晚辈，先主人后客人，先女士后男士。遵守“尊者决定原则”。

还要注意，如果对方是长者、贵宾、领导或女士，那么最好先等对方伸出手来再与之握手。若女士不伸手，无握手之意，男士点头、鞠躬致意即可。

如果是在自己家，有客人来访时，要主动伸手行握手礼。如果是去别人家做客，应等主人伸手后自己再伸手与之相握。

在外交场合遇见外国贵宾时，通常不要主动上前握手问候，只需礼貌地点头致意表示欢迎即可。只有当贵宾主动伸手时，才可向前接握问候。

握手步骤七口诀：大方伸手，虎口相对，目视对方，面带微笑，力度七分，男女平等，三秒结束。

四、名片礼仪

名片是现代人的自我介绍信和社交的联谊卡。名片最基本的功能就是自我介绍。一张名片递过去，你姓甚名谁，何方神圣，所居何处，现居何位一清二楚。所以名片是自我介绍信，也是一种社交的联谊卡。

（一）名片的存放

要保持名片或名片夹的清洁、平整，不要递出脏兮兮的名片。名片不要和钱包、笔记本等放在一起，原则上应该使用名片夹。保持名片或名片夹清洁、平整。名片可放在上衣口袋里，不可放在裤兜里。名片要准备充分，不能要用时找不到。

（二）名片的递送

在社交场合，名片是自我介绍的简便方式。交换名片的一般顺序：先客后主，先低后高。当与多人交换名片时，应依照职位高低的顺序，或是由近及远，依次进行，切勿跳跃式进行，以免对方误有厚此薄彼之感。递送时应将名片正面面向对方，双手奉上，手的位置应与胸部齐高，要将名片朝向对方，眼睛应注视对方，面带微笑，并大方地说："这是我的名片，请多多关照。"名片的递送应在介绍之后，在尚未弄清对方身份时不应急于递送名片，更不要把名片视同传单随便散发。递送名片要表示谦恭，要用两只手拿着上方，起身递给对方（如下图）。

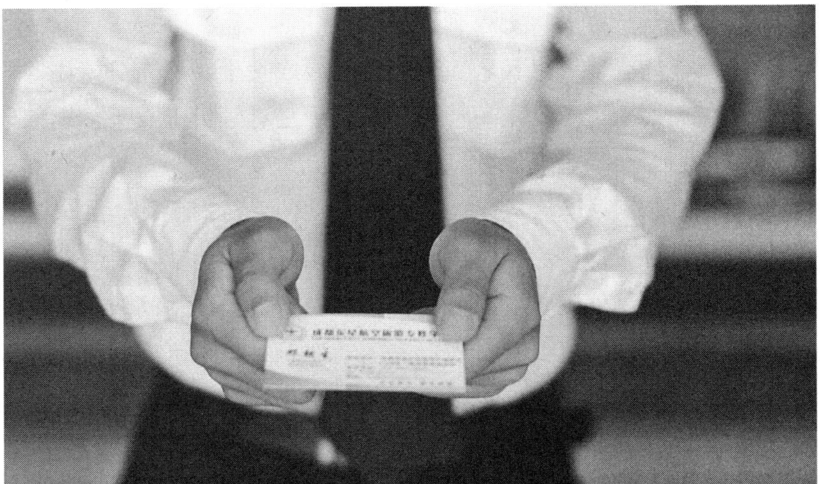

（三）名片的接收

接收名片时应起身，面带微笑注视对方（如下图）。接过名片时应说"谢谢"，随后有一个微笑阅读名片的过程。阅读时可将对方的姓名职衔念出声来，并抬头看看对方的脸，使对方产生一种受重视的满足感。然后，回敬一张本人的名片，如身上未带名片，应向对方表示歉意。在对方离去之前，或话题尚未结束，不必急于将对方的名片收藏起来。切忌马马虎虎瞟一眼便顺手塞进衣袋里。如果想得到对方的名片，而他并没有主动给，你可以请求的口吻说："如果没有什么不方便的话，请你给我一张名片。"不要收到对方的名片后，当场便在名片上书写或折叠。若发现名片上有不认识的字或不理解的内容，则应虚心求教，以避免引起误会。

（四）名片的收纳

接过别人的名片切不可随意摆弄或扔在桌子上，也不要随便地塞在口袋里或丢在包里，应放在西服左胸的内衣袋或名片夹里，以示尊重。在整理保存的大量名片时，可以把对方的特征、兴趣爱好，以及接收名片的地点、时间、所谈的话题等记在名片后面，这样下次见面即可很快找到他感兴趣的话题。

（五）名片的制作

名片的制作是有讲究的。第一，要注意使用的材料。比如一般的名片最好使用卡片纸，当然如果出于环保的考虑，用再生纸甚至用打印纸也可以。名片就是个载体，只要上面的字清晰可辨，不容易丢失、磨损、折叠即可。

第二，要注意名片的尺寸。现在用的名片规格一般是 5.5cm×9cm。现在用的名片包、名片夹都是统一规格，名片太大放不进去，当然太小的话也未必合适。

第三，要注意名片的色彩。一般来讲，名片的色彩总体上要控制在三种颜色之内，颜色多于三种会给别人杂乱无章的感觉。

第二节 交往礼仪

一、电话礼仪

电话被公认为是最便利的通信工具。在日常工作中，打电话时所使用的语言很关键，它直接影响着一个公司的声誉。在日常生活中，人们通过电话也能粗略判断对方的人品、性格。因而，掌握正确的、礼貌待人的打电话方法是非常必要的。随着科学技术的发展和人们生活水平的提高，电话的普及率越来越高，人离不开电话，每天要接、打大量的电话。打电话看起来很容易，对着话筒就可与对方交谈，其实不然，打电话大有讲究。

（一）重要的第一声

打电话给某单位时，若一接通就能听到对方亲切、优美的招呼声，心里一定会很愉快，双方对话也能顺利展开，对该单位的印象也会很好。在电话中只要稍微注意一下自己的语言方式就会给对方留下完全不同的印象。同样是说“你好，这里是××公司”，如果声音清晰、悦耳，吐字清脆，便能给对方留下好的印象，对方对其所在单位也会有好的印象。因此要记住，接电话时，应有“代表单位形象”的意识。

（二）要有喜悦的心情

打电话时要保持良好的心情，这样即使对方看不见你，但是从欢快的语调中也会被你感染，给对方留下极佳的印象。由于面部表情会影响声音的变化，所以即使在电话中，也要抱着“对方看着”的心态去应对。

（三）清晰明朗的声音

打电话过程中绝对不能吸烟、喝茶、吃零食，即使是懒散的姿势对方也能够“听”得出来。如果你打电话的时候弯着腰躺在椅子上，对方听你的声音就是懒散的、无精打采的；若坐姿端正，发出的声音也会亲切悦耳，充满活力。因此打电话时，即使看不见对方，也要当作对方就在眼前，尽可能注意自己的姿势。

（四）迅速准确接听

现代工作人员业务繁忙，桌上往往有两三部电话，听到电话铃声，应准确、迅速地拿起听筒，最好在三声之内接听。电话铃响一声大约三秒钟。若长时间无人接电话，或让对方久等是很不礼貌的，对方在等待时心里会十分急躁，会给他留下不好的印象。即便电话离自己很远，听到电话铃声后，若附近没有其他人，也应该用最快的速度拿起听筒，这样的态度是每个人都应该拥有的，这样的习惯是每个办公室工作人员都应该养成的。如果电话铃响了五声才拿起话筒，应该先向对方道歉。若电话响了许久，接起电话只是“喂”了一声，对方会十分不满，会给对方留下恶劣的印象。

（五）认真清楚记录

随时牢记5W2H技巧，所谓5W2H是指：①When，何时。②Who，何人。③Where，何地。④What，何事。⑤Why，为什么。⑥How，如何进行。⑦How many，需要多少。在工作中这些资料都是十分重要的，对打电话、接电话具有相同的重要性。

（六）了解来电话的目的

上班时间打来的电话几乎都与工作有关，公司的每个电话都十分重要，不可敷衍，即使对方要找的人不在，切忌只说“不在”就把电话挂了。接电话时也要尽可能问清事由，避免误事。首先应了解对方来电的目的，即便自己无法处理，也应认真记录下来，委婉地探求对方来电的目的，这样方可不误事，而且可赢得对方的好感。

（七）挂电话前的礼貌

要结束电话交谈时，一般应当由打电话的一方提出，然后彼此客气地道别，说一声“再见”，再挂电话，不可只管自己讲完就挂断电话。

二、引导礼仪

（一）楼梯的引导礼仪

引导客人上楼时，应让客人走在前面，接待人员走在后面。若是下楼时，应该由接待人员走在前面，客人走在后面。上下楼梯时，应注意客人的安全。

（二）电梯的引导礼仪

引导客人乘坐电梯时，接待人员先进入电梯，等客人进入后关闭电梯门。到达时，接待人员按“开”的钮，让客人先走出电梯。

（三）客厅的引导礼仪

客人走入客厅，接待人员用手指示，请客人坐下。客人坐下后，行点头礼后离开。如客人错坐下座，应请客人改坐上座（一般靠近门的一方为下座）。

（四）走廊的引导礼仪

接待人员在客人两三步之前，客人走在内侧。

第三节　其他见面礼仪

一、拥抱礼

世界上有的国家或民族的人情感比较外露，因而乐于用拥抱来表达情感。在这些国家，拥抱礼是可以与握手礼相提并论的重要的见面礼仪。例如，在大部分拉美国家，拥抱和握手一样普遍。法国还有男性互吻的习俗。

二、吻手礼

行吻手礼时，男女双方相距约 80 厘米；双方须注目；女性先将手轻轻向左抬起约 60 度时，作下垂姿势；男性轻轻将其提起，略低头，在对方手背上轻吻一下，再将手缓缓松开，礼毕。行吻手礼时，男性一定要稳重、自然、轻松，动作不能粗俗，姿势不可过分夸张，吻对方手背时绝对不要发出“吮”的声音，以免给双方造成难堪。

三、合十礼

在佛教国家，人们见面往往行合十礼以示敬意。行合十礼也有一定的规范。行合十礼时，应双目注视对方，面带微笑，然后双手五指并拢，在胸前约 20 厘米处沓合，上体前倾约 30 至 45 度，沓合的双手也微微上举，使手指尖部与额同高。斯里兰卡人很讲礼节，其中的僧伽罗人特别推崇双手合十礼。他们行此礼时不分时间、地点和对象，并会同时说上一句“阿尤宝温”，既体现了对受礼者的礼貌、尊重，又是见面和分手时的问候与告别，还是一种美好的祝愿。

由于不同国家或地区的佛教徒风俗各异，故施合十礼的方法也各式各样，有“站立合十”“俯首合十”“点首合十”“伸舌合十”“躬身合十”“下蹲合十”“跪拜合十”“摸脚合十”等。以合十礼为见面礼的国家里，人们认为合十礼比握手礼高雅，而且要卫生得多。因此，当有人向你行合十礼时，就用同样的礼节回敬对方。

四、吻足礼

在尼泊尔、斯里兰卡、也门及波利尼西亚，吻足礼也很流行。晚辈见长辈、子女见到久别的父母、庶民见到王族成员时，亲吻对方的脚面，这就是吻足礼。也可行象征性的吻足礼，即行礼者跪下用右手摸一下地，再摸一下自己的额头，就算行礼了。

第六章　民航各岗位的服务礼仪规范

知识目标

1. 了解民航各岗位的服务礼仪规范。
2. 熟练掌握民航各岗位的服务用语。

案例　民航服务人员应熟练掌握所在岗位的服务礼仪规范

CZ3136航班旅客托运的第一件行李内有酒水，需挂免责行李牌。值机员孟某在填写免责牌时将航班号误写成由他刚办理的上一个航班ZH9936。由于当时ZH9936还未起飞，行查员在行李通道发现此行李时认为是漏装的行李，随即用对讲机呼叫是否能装机，并请示了指挥中心。值机员孟某听到对讲机的呼叫后立即说明是自己误填了航班号，警察将此行李拿到值机柜台确认是CZ3136航班第一件托运行李，并重新修填写免责行李牌航班号。

此行李最终避免了错运，但由于通报了指挥中心，已造成了一定影响，且当班负责人在发生问题后隐瞒不报也造成了其他环节工作的被动。

我们每一位民航工作人员都是服务链条中不可或缺的环节。航空运输企业竞争日益激烈，高铁的发展也日新月异，旅客选择的空间越来越大，服务品牌将在航空公司的发展中具有更大的影响力。掌握所在岗位的服务礼仪规范是每个民航学子的必修课。

第一节　地面服务礼仪规范

地面服务礼仪规范主要指的是民航机场地面服务人员在工作中表现出来的站、立、行、走时的动作、姿态及服务用语。地面服务礼仪要突出以下几点：

（1）热情——以热情的态度对待本职工作。

（2）敬业——工作勤劳、努力、负责，恪尽职守。

（3）团队——协作、互助、沟通、融洽、协调一致地达成共同目标，团队的礼仪高于一切。

（4）服从——员工必须服从上级主管人员的指示及工作安排，按时按质地完成本职工作。

（5）事业——倡导员工与公司一起发展事业，努力与公司共同成长。

一、票务员规范

票务员主要负责售票及票务咨询等相关工作。

票务人员的主要行为规范有以下几点：

（1）热情的问候。

（2）在接受旅客的有效证件和订票单时应使用双手递送。

（3）有看不清或不明白的地方，一定要婉转询问旅客，注意言语礼貌。

（4）应提醒旅客看清楚客票上的有关信息，并说明机场名称、乘机日期、离站时间、何时办理登机手续等事宜。必要时，对重点内容可以标注。

二、问询员规范

问询员是机场的形象大使，主要为机场旅客提供指引、咨询等服务。

（1）应站立服务，微笑问好，态度亲切。

（2）准确掌握航班信息，耐心、细致、礼貌地回答客人的问询。

（3）对于电话问询，要做到铃响三声内接听、问好，并报出部门名称。通话时声音要适中，通话结束后让对方先挂电话。

（4）了解航空公司和机场服务的有关内容，及时、准确地向客人进行介绍。

（5）对于不正常航班的问询，一定要耐心做好解释工作。

（6）回答旅客问题时应该内容简明、语气温和、语速适中，并且要注意体态语言的使用。

三、值机人员规范

值机人员主要为旅客办理乘机等相关手续。在工作时他们的主要行为规范有以下几点：

（1）为旅客办理票务时，必须询问旅客的航班号、目的地、是否托运行李、是否有特殊餐食要求等。态度要和蔼，言语要礼貌。

（2）接受、发放旅客票证时，一定要用双手，并且要向旅客说明航班号、目的地、托运件数、登机口、登机时间等信息。

（3）严格按照旅客的机票和身份信息帮助旅客选择合适的座位。

（4）对于旅客有关行李问题的问询，应耐心解释。

四、引导员规范

在走廊引导时，引导员的主要行为规范如下：

（1）应走在旅客左侧前方一米处。

（2）自己走在走廊左侧，旅客走在走廊中央。

（3）与旅客的步伐保持一致，并适当做些介绍。

在电梯间引导时，引导员的主要行为规范如下：

（1）让旅客走在右侧，自己走在左侧。

（2）遇拐弯或有楼梯台阶的地方应使用手势，并提醒旅客“这边请”或“注意台阶”。

（3）引导过程中要注意自己的体态。

第二节 安全检查礼仪规范

一、安检人员执勤规范

（1）执勤前不吃有异味的食物，不喝酒。执勤期间应举止端庄，不吸烟，不吃零食。

（2）尊重旅客风俗习惯。

（3）态度和蔼，检查动作规范，不得推拉旅客。对旅客的穿戴打扮不取笑，不品头论足，不围观。

（4）自觉使用安全检查文明执勤用语，热情有礼，不说服务忌语。

（5）爱护旅客的行李物品，检查时轻拿轻放。不乱翻、乱扔旅客行李，检查完后主动协助旅客整理检查物品。

二、安检人员的仪容仪表

（1）发型自然大方。

（2）不浓妆艳抹，不戴奇异饰物。

（3）讲究卫生，仪容整洁。

（4）指甲的长度不得超过指尖两毫米，严禁文身。

三、安检过程中的规范用语

（一）称呼

称男士为先生，女士为小姐或太太，重要旅客应称呼职务。

（二）岗位规范用语

1. 黄线维序检查员岗位

（1）请各位旅客按次序排好队。

（2）准备好身份证件、机票（登机牌）。

（3）准备接受安全检查。

2. 验证岗位

（1）您好，请出示您的身份证、飞机票（登机牌）。

（2）谢谢，请往里走。

（3）对不起，您的证件与要求不符，我得请示，请稍等。

3. 前传岗位

（1）您好！请将您身上的钥匙、打火机等物品放在盘内，请把你的行李放在传送带上。

（2）请往里走，谢谢！

（3）请稍等！

4. 人身检查岗位

人身检查的重要部位为头、肩、腋下、腰、裆部、腿。

人身检查岗位的规范语言有如下几种：

（1）对不起，安全门已报警，请到这边接受人身检查。

（2）请解开衣扣，微抬双臂，请转身。

（3）请问这是什么东西？您能打开给我看看吗？

（4）请脱下您的帽子。

（5）检查完毕，谢谢合作！

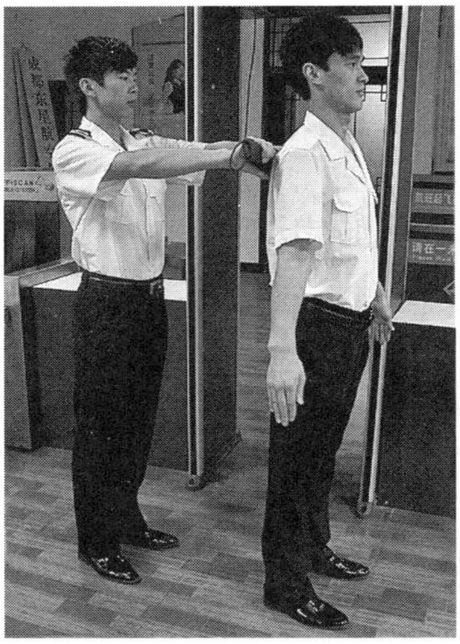

5. 开箱包岗位

（1）对不起，该行李需要接受检查，请您打开您的行李！

（2）对不起，这是违禁物品，按规定不能带上飞机，请将“三证”给我，给您办理托运手续。

（3）对不起，刀具您不能随身带上飞机，您可交给送行人带回或办理托运。

（4）谢谢合作，祝您一路平安！

6. 后传岗位

（1）请收好您放在托盘中的物品。

（2）谢谢合作，祝您一路平安！

四、安检人员的忌语

（一）冷漠、不耐烦、推托的语句

（1）不知道。

（2）不清楚。

（3）没时间。

（4）没办法。

（5）自己看，自己听。

（6）不归我管，我不管。

（7）少啰嗦，少废话。

（8）别问我，去问服务员。

（9）没看我正忙着吗？

（10）机票上写着呢，不会看呀！

（二）讥讽、轻视的语句

（1）你坐过飞机吗？

（2）你出过国吗？

（3）土老帽。

（4）乡巴佬。

（5）看你就不是个好人。

(6) 你算什么东西。

(三) 生硬、蛮横的语句

(1) 我说不行就是不行。

(2) 找别人去，我不管。

(3) 不让带就是不让带。

(4) 就是这样规定的，不清楚看公告去。

(5) 不检查就给我出去，不要坐飞机，又没人请你。

(6) 我就这样，有本事你去告我好了。

(四) 催促、命令式的语句

(1) 快点。

(2) 回来。

(3) 过来。

(4) 过去。

(5) 转身。

(6) 站上去。

(7) 走吧。

(五) 随意下结论的吓唬语句

(1) 证件是假的，没收。

(2) 不老实就送你到派出所。

(3) 带这个东西要判刑的。

(4) 带这些东西要罚款。

第三节　空中服务礼仪规范

空中服务礼仪是一种行为规范，是指空乘人员在飞机上的服务工作中应遵守的行为规范。它具体是指空乘人员客舱服务中的各服务环节，从在客舱迎接旅客登机、与旅客的沟通，到飞机飞行中的供餐、送饮料，再到为特殊旅客提供特殊服务等，有一整套空乘人员的行为规范。

作为一名空乘人员，只有掌握了航空服务的礼仪，才能做好服务工作。空乘人员是直接与旅客接触并为旅客服务的人，俗话说："你不会有第二次机会来留下良好的第一印象。"第一印象对空乘人员来说是至关重要的。有些旅客也许一生就乘坐一次飞机，你给的第一印象将永远留在他的心里，所以掌握航空礼仪对一名合格的空乘人员来说是非常重要的。

一、空乘人员的职业形象

空乘人员要充分展现个人形象的职业风采，其中最重要的是要体现出其职业的专业性。空乘人员职业形象包括仪容、仪表以及仪态三方面，其中最为讲究的是形象与职业的匹配。要做到优雅、大方、亲切、彬彬有礼，在执行航班任务和穿着制服期间始终保持良好的公众形象。

二、空乘人员迎送旅客服务礼仪

（一）机门迎客的礼仪

操作规范：

（1）站姿端正，保持微笑，目光亲切，注视旅客，鞠躬30度。

（2）主动与旅客问候，为每位旅客指示方向。

（3）遇有需要帮助的旅客登机时，应立即提供帮助或将旅客领至分管区域乘务处。

（4）服务语言：

您好！

您早!

欢迎登机。

请往这边/那边走。

请当心脚下。

（二）客舱迎客的礼仪

操作规范：

（1）客舱乘务员按各自岗位区域站立，面带微笑，主动与旅客问候。

（2）积极疏通客舱过道，帮助旅客寻找座位，并引导其入座。

（3）头等舱旅客上机后，主动帮助提拿行李，引导入座。应根据地面提供的旅客名单称呼其姓氏，遇要客时，称呼其姓氏和职务。

（4）帮助旅客挂放衣物。

（5）对出口座位的旅客进行评估。

（6）注意各紧急出口附近旅客动态。

（7）服务语言：

你好!

您早!

欢迎登机，请对号入座。

我可以助您吗?

请跟我来！

先生/小姐，请将行李放在行李架内。

请问您的座位号是多少？

请您往里走。

请您往两边让一下。

先生/小姐，请往这边走。

我帮您把衣服挂起来好吗？

我帮您把行李放在那边好吗？

（三）机门送客的礼仪

操作规范：

(1) 按岗位职责站立在自己服务区域内，让重要旅客、头等舱旅客、公务舱旅客优先下飞机。

(2) 向旅客致谢告别。

(3) 服务语言：

再见！

请走好！

请带好行李！

欢迎再次乘坐，谢谢！

请小心脚下。

请慢走。

（四）数客的服务礼仪

目光亲切，表情自然放松，向旅客点头示意。

三、客舱空中服务礼仪

（一）与旅客沟通的语言

俗话说："良言一句三冬暖，恶语伤人六月寒。"可见语言使用是否得当，会产生迥然不同的效果。日常生活中，人们运用语言进行交谈、表达思想、沟通信息、交流感情，从而达到建立、调整、发展人际关系的目的。一个人的言谈是考察一个人人品的重要标志。民航服务人员在空中服务时，其沟通应注意以下几点：

(1) 向旅客主动介绍航线信息以及到达的时间和目的地的天气、温度。

(2) 征求旅客对餐饮和服务的意见。旅客对服务提出意见和建议时，应认真听取，做好记录，并表示感谢。

(3) 注意与旅客的谈话姿势。

(4) 及时了解旅客需求并进行处理。

(5) 及时处理旅客的呼唤铃，正确回答旅客问询。

(6) 帮助旅客交换书报杂志，为阅读的旅客打开阅读灯。

(二) 清洁洗手间

(1) 做到洗手间“四净一亮”，确保物品摆放齐全、整齐，确保普通舱马桶盖打开。四净：地面干净、马桶干净、台面干净、洗手池干净。一亮：镜面亮。

(2) 及时填补洗手间用品，始终保持洗手间整洁、无异味。

(三) 餐饮服务

为旅客提供任何一项餐饮服务，应遵循的原则：先身份高后身份低、先女后男、先里后外。

1. 餐食

送餐程序如下：

正餐：

(1) 发餐谱（仅限配备餐谱的航线）。

(2) 送、收湿纸巾或毛巾。

(3) 送餐前饮料（冷饮）。

(4) 送餐食。

(5) 加冷饮，送热饮、酒类。

(6) 收餐盘（盒），加冷、热饮。

快餐：

(1) 送餐巾纸、餐食。

(2) 送冷、热饮料。

（3）收回餐具。

果仁：

（1）送、收湿纸巾。

（2）送果仁、餐巾纸。

（3）加饮料。

（4）收餐具。

2. 服务规范

（1）向旅客介绍餐食种类。

（2）双手递送、配合语言。

（3）检查餐盘内食物是否齐全，确保餐盘对着旅客。

（4）中后舱注意交接，避免漏送。

（5）服务语言：

先生/小姐，今天我们的午（晚）餐有……和……请您选用。

先生/小姐，今天我们为您准备了……请您品尝。

3. 饮料

（1）送餐时随时添加饮料。

（2）饮料正常倒 7 成满，供餐倒 8 成，颠簸倒 6 成，小孩倒 5 成。

（3）为旅客介绍饮料品种（冷饮、热饮种类）。若旅客需要冷饮，需询问是否加冰块，若需要，先加入两三块冰块，再倒入饮料。

（4）热饮放置于餐车内，注意随时保持热饮壶的清洁。当旅客需要热饮时，打开餐车门，倒热饮，关上餐车门后再递送给旅客，并提示“热饮烫口，请当心”。

（5）拿水杯时应检查水杯是否干净、完好，并且注意应拿杯子的1/3处。

（6）提供啤酒服务时，在餐车内开启啤酒，将水杯倾斜 45 度缓慢倒入杯中，将水杯与罐一并提供给旅客。

（7）任何饮料均应在餐车内开启，注意轻拿轻放，避免摇晃带气饮料，不要捏瓶体。

（8）个别饮料服务时用 1/2 托盘送出。

（9）添加饮料时，应使用小毛巾进行服务。

（10）递送矿泉水时，应注意拿瓶子的下部，避免拿瓶口。

（11）禁止将托盘直接递入旅客区域。

（12）服务语言：

先生/小姐，我们为您准备了咖啡、茶水、果汁……您喜欢喝点什么？

（四）细微服务

细微服务是服务品质的体现，客舱乘务员在飞行中要善于观察，及时发现旅客需求，并及时为旅客提供细致入微的服务。同时，细微服务可体现乘务员专业、用心、体贴的一面，有助于提升航班服务质量，有助于树立公司的品牌形象。

1. 细微服务的时机

在确保安全的前提下，客舱乘务员应在飞行全程中为旅客提供细微服务。重点时机为旅客登机的间隙和餐饮服务结束后的巡舱期间。

2. 细微服务的工具

客舱乘务员进入客舱巡视时，可携带小托盘、报纸、湿纸巾、毛毯等物品。

3. 细微服务的内容

（1）开、关阅读灯。

(2) 提供毛毯。

(3) 清理小桌板。

(4) 整理座椅口袋。

(5) 清理客舱通道。

(6) 整理旅客座位。

(7) 开、关通风孔。

(8) 关闭遮阳板。

(9) 为旅客介绍特殊服务设备，如普通舱第一排、紧急出口座位的小桌板位置等。

(10) 帮助旅客挂放衣服。

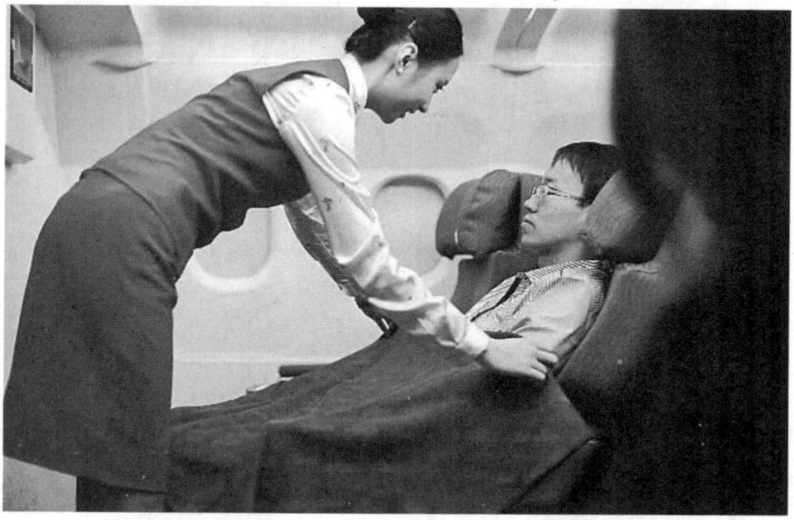

四、基本服务动作要领

(一) 端

(1) 双手端盘，大小臂之间成 90 度至 100 度左右的夹角。拇指扶着两侧的盘沿，其他四指并拢托于盘下。

(2) 端盘在客舱转身时，小托盘可采用直接转身，但大托盘必须做到身转盘不转。

（3）盘子不能从旅客的头上和眼前经过。

（4）除了回收垃圾时，托盘不可进入旅客区域。

（二）拿

（1）拿水杯时，应拿水杯的下 1/3 处，不能拿上部及杯口处。

（2）拿饮料瓶时，应拿中下部，不能拿上部及瓶口处。

（3）拿空托盘时，应拿短边处，使托盘内侧朝向自己，垂直放在身体侧面，拿托盘的手臂不应摆动。

（4）注意轻拿轻放。

（三）倒

（1）倒饮料时，应倒水杯的 7 成或按旅客要求。

（2）给小旅客倒饮料时，倒 5 成，并帮助放入凹槽处。

（3）飞机轻度颠簸时，为旅客提供饮料只倒 6 成，轻度以上颠簸暂停服务。

（4）倒带泡沫的饮料（如啤酒）时，水杯倾斜 45 度，防止泡沫溢出。

（5）倒任何饮料，杯口不能碰到瓶口。

（四）送

（1）餐饮服务时，采用交叉服务方式，原则上先服务自己右手方向的旅客。

（2）遵循手心面对旅客的原则，面朝机尾的乘务员采用右边的旅客右手递送，左边的旅客左手递送的方式服务；面朝机头的乘务员采用右边的旅客左手递送，左边的旅客右手递送的方式服务。

（3）同一排的旅客遵循先里后外的原则，即按照先 A 座后 B 座再 C 座的次序服务。

（4）带航徽的物品，应尽量使航徽朝向旅客。

（5）旅客拒绝的餐食，不可当面转发给其他旅客。

（6）单独为旅客提供物品，须使用小托盘拖出。

（7）递送物品时，与旅客成 45 度角，注意眼神、表情、姿态、语言要符合标准。

（8）在添加饮料时，应使用叠好的小毛巾，将之托于水杯底部进行服务。

（五）放

（1）在客舱中放物品，动作要轻，尽量不要发出声音。

（2）物品摆放整齐，航徽朝向旅客。

（六）递

（1）客舱中，乘务员之间递送物品时，不能从旅客头上经过。

（2）从服务间拿物品到客舱时均应使用托盘。

五、广播员规范

广播员主要负责对客舱进行致欢迎词、安全设备介绍、航线介绍、飞行过程介绍、非正常情况下的广播。其主要行为规范如下：

（1）广播前，熟悉、落实广播稿件。

（2）广播时语音标准，语速适中，语调亲切。

六、安全员规范

安全员主要负责维护飞机和旅客人身安全。其主要行为规范如下：

（1）在旅客登机前和离站后，会同乘务员对客舱进行检查，防止无关人员、不明物品留在客舱内。

（2）旅客开始登机时，处于适合的位置密切注意旅客状况，注意机场工作人员情况，防止与本机无关人员混上飞机，并协助乘务员维护秩序。

（3）在飞机中，妥善处理发现的爆炸物、燃烧物和其他可疑物品。对扰乱机上秩序的行为，经机长同意，可采取必要的措施，并交地面人员处理。

第七章　民航其他礼仪

知识目标

1. 熟悉东西方文化的主要差异。
2. 了解几大宗教的习俗和忌讳。
3. 了解各地区旅客的主要习俗。

案例　愤怒的旅客

MU553S是东方航空公司自上海浦东飞往巴黎的航班，机上有一位埃及留学生。在配餐时，客舱乘务员小雅错误地把鱼香肉丝套餐当成了香菇鸡套餐递给了这位埃及旅客。看到旅客脸上的不悦表情之后，小雅马上意识到自己冒犯了旅客，于是诚挚地向其道歉，并用右手递上香菇鸡套餐，同时伸出左手要接回错发的餐盒。埃及乘客刚刚恢复平和的脸上立刻又堆满了愤怒。

第一节　东西方文化差异

一、语言方面

中国的语言和西方的语言差异很大，在称呼、问候、表达上都有明显的差异。

汉语和英语中都有表示感激、歉意的固定说法，请别人帮忙前，也要先说点什么，例如汉语里的“谢谢”“对不起”“请”等，英语里的“Thank you”“I'm sorry”“Excuse me”等。总的来说，这些表达方式十分相近，不会造成什么麻烦。但是，尽管相近，两者仍有差异。

英语里的“Thank you”和“Please”比汉语的“谢谢”和“请”用得更加广泛。如果请人帮点小忙，比如借支铅笔、问个路、传个话、叫人来接电话等，中国人常常不说这些客气话，特别是对亲属和好朋友更不会这么客气。有些中国人认为，西方人过于喜欢说“Thank you”和“Please”，没有必要，甚至叫人不耐烦。中国人相信对方知道自己的感激之情，因此不必多言；但在西方人看来，不说这些客气话就有些失礼，显得对别人不够尊重。

因此，当我们到其他西方国家时，应该先了解这些国家问候、称呼等的方式，如此才能更好地沟通与交流。

二、教育方面

西方教育的主导思想认为每个人都是特殊人才，不能因为某学生数学不好，就认定其笨，或许该生会是生物、体育或音乐、文学等领域的奇才。西式教学，给予所有学生机会去充分发挥个人所长，并锻炼将来在社会上实用的分析解决问题的方法，更适合现代社会的需要。而中国的教育则注重孩子在纯知识方面的学习，因而把大量时间用在语、数、外等基础学科上，也很注重各种考试成绩。

这两种教育方式都不算全面，这也是为何东（中国）西教育方式培养出的学生都会有缺陷。应该把“教、学、做”三方面统一起来，教育过程才算完整，培养出的人才也才比较全面。目前西方教育界已认识到问题，因此正在加强中小学基础知识教学和考核。而中国大陆和中国台湾地区则在向另一方面努力，台湾地区取消联考，而大陆则提倡素质教育。这些措施都旨在补充纯知识教育之外的内容。如果东西方的教育方式能够融会贯通、相得益彰，那将是比较理想的。

三、饮食方面

吃中餐时，食客们围坐在餐桌旁等饭菜，厨师将饭菜做好以后端到餐桌上，围坐在餐桌旁的食客根据各自的喜好选取相应的饭菜。餐桌上的任何一种饭菜都属于桌上的每一位食客。

吃西餐时，食客们围坐在餐桌旁等饭菜，厨师将做好的饭菜分成相应的几份，将每一份饭菜端到相应的食客面前，每个食客只能吃各自的那一份。

四、建筑方面

东西方建筑风格的不同从本质上看是因东西方文化的不同而引起的。按一般的理解，中国文化重人，而西方文化重物；中国文化重道德和艺术，而西方文化则较重视科学与宗教。

在此，我们总结出了东西方建筑的三点比较明显的差异：

（1）在制造空间的方法上，西方确立室内的空间，墙起了重要的作用。首先通过墙确立空间，上面的顶就像一个盖子，只是一个覆盖物而已。在东方正好相反，屋顶是最重要的建立空间的因素。通过由柱子支撑的屋顶确立空间而后再填充墙。

（2）在空间本身的状态上，西方世界强调的是积极空间，即发挥建筑物本身作用的内部空间；东方世界主要强调的是消极空间，即建筑物周围的外部空间。

（3）东方的基本建筑原则和风格没有得到充分发展，而西方的风格却得以进步。在东方，一种建筑风格只是简单的重复。而西方却越来越强调建筑物作为一个独立个体的个性。

东西方由于民族风格、文化和心理等方面的种种差异，造成了建筑风格的迥异。

五、音乐方面

中西音乐方面的差异主要表现为中国音乐注重的是情韵，而西洋音乐注重的是和谐。

西洋的和谐源于古希腊、古罗马的数学与几何学的科学性及数理协调性，而中国的情韵则可以说是源于先秦诸子的哲学，甚或是源于古代钟鼎的花纹及原始壁画的动物飞腾之象。因为“飞舞跃动”之美始终是中国诸艺术的主要特色，当代美学巨擘宗白华也认为“舞”是中国艺术意境的灵魂。

归根结底，中西宇宙观、世界观的不同，是中西音乐风格形成各异的根本原因。

六、绘画方面

西方绘画十分讲究透视法。所谓透视法，简单地说，就是用线条或色彩在平面上表现立体空间的方法。世界是立体的，西方人用他们聪明的大脑指挥他们灵巧的双手在白纸、画布和墙壁上如实地记录下他们看到的一切。西方写实主义绘画尤其强调对细节的刻画和还原生活的特性。他们严格地按照物体在同一空间中的大小比例进行描绘，按照近大远小、近高远矮的基本原理进行创作，所以物体在平面上也能呈现出具有长、宽、高三维空间感觉的立体效果，给人以生动、逼真、身临其境的感觉。

中国绘画传统则以“形神兼备”为皈依，重在抒发主体精神，强调“外师造化，中得心源”，以对客观事物的观察与把握，由表及里，强调其精神特征的理解，将画家的主观精神因素，包括修养、品德、秉性与客观世界相融合，从而创造出具有深刻内涵的美的形象和境界。在长期的继承和发展中，中国绘画积累了丰富的区别于西方绘画的种种技法，如毛笔的皴擦、点染，运用线描或色、墨的变化来表达形神，且擅诗、书、画、印结合，极富东方特色。

第二节　世界主要宗教礼仪

在国外，无论是科技高度发达的美国和西欧各国，还是富有的阿拉伯产油国，或是第三世界国家，宗教问题无不渗透到社会的各个角落。参观游览的许多景点渊源于宗教，与宗教密切相关。因此，出境游玩的游客如对宗教问题毫无了解或知之甚少，将会大大影响出境旅游的质量。多年来出境旅游的实践证明，了解一点世界主要宗教的知识很有必要，这对游客参观游览各国的名胜古迹、体验各民族的习俗节庆大有裨益。

目前，世界性的宗教有基督教、伊斯兰教、佛教。某些地区还保留有民族宗教，如日本的神道教、印度的印度教等。某些国家和地区仍然存在原始宗教。以下我们对世界性的宗教作简单介绍。

一、基督教及其习俗忌讳

（一）基督教简介

基督教为奉耶稣基督为救世主的各教派的总称。主要教派包括天主教、东正教、新教等。“基督”是希腊文的音译。“基督”原意为受膏者，故用作对耶稣的尊称，意指上帝所差遣的救世主。基督教以《旧约全书》《新约全书》为圣书。基督教信奉上帝创造并主宰世界万物；人类犯了罪，命里注定要世代受苦；上帝拯救人类，差遣耶稣基督降世，并在十字架上献身，用自己的血来洗净信徒的罪；只有信奉基督教，罪恶才能被赦免，进入天国得永生，否则将被抛进地狱永远受罚。据福音书记载，耶稣是上帝的儿子，为救赎人类，公元前 4 年降生于伯利恒。据传 30 岁时与传道士施洗约翰相遇，在约旦开始传道。后又招收彼得等12 门徒到以色列传教。约公元 30 年，与门徒前往耶路撒冷时被门徒犹大出卖，最后与两个小偷一起被罗马派驻犹太的总督彼拉多钉死在十字架上。耶稣死后 3 天复活，40 天升天。基督教奉耶稣为教主。基督教于公元 1 世纪上半叶产生于罗马帝国统治时期的巴勒斯坦、小亚细亚一带，后逐渐传播到帝国全境。

公元4世纪被定为罗马帝国国教。中世纪，基督教把意识形态的其他一切形式——哲学、政治、法学都并到基督教神学中，成为封建统治阶级维护其统治的精神支柱。参加世界基督教联合会的有110多个国家和地区的300多个教会组织，主要分布于欧洲、美洲和大洋洲各国。

1. 天主教

又称罗马天主教会。公元395年，罗马帝国分裂为东西两部分，基督教东西两派的分化也随之加剧。公元1054年，东西两派正式分裂。西部教会以罗马为中心，自称罗马公教，同自称正教的东部教会相对峙。天主教崇拜天主和耶稣基督，尊玛利亚为圣母。罗马天主教会未正式加入世界基督教联合会，但可派观察员参加世界基督教联合会的主要会议。其信徒主要分布在意大利、法国、比利时、西班牙、葡萄牙、匈牙利、波兰、美国及拉丁美洲各国，其国际宗教中心为设在罗马城内的梵蒂冈教廷。教廷中有教皇，下设教廷国务卿，并有若干圣部、法院及其他专门机构。

2. 东正教

公元1054年东西两派正式分裂后，东部教会以君士坦丁堡为中心，自称正教，意即保有正统教义的教会，又称东正教。其教义信条在细节上同天主教略有分歧。主张主教以外的一般神职人员可以婚娶。其信徒主要分布于希腊、塞浦路斯、保加利亚、罗马尼亚、俄罗斯等国。16世纪，欧洲宗教改革中各个新宗派脱离天主教，随后又从这些宗派中分化出更多的宗派，新教是这些宗派的统称。这些宗派主要有圣公会、公理会、路得宗、加尔文宗等。新教对天主教的一些传统教义作了增删，如不承认“炼狱”等。其信徒主要分布于英国、美国、德国、瑞士、北欧各国及澳大利亚、新西兰等国。

（二）基督教的礼拜、教堂和神职人员

礼拜是基督教的主要宗教活动，一般是星期日在教堂或礼拜堂做礼拜，有祈祷、唱诗、读经、讲道等项目，通常由牧师主持。在信奉基督教或天主教的国家里，无论是至高无上的国家元首还是普通公民，只要是信徒，都无一例外地按常规到教堂做礼拜。有些西欧国家，每逢星期天上午八九点钟，甚至一般电视节目也停止播放，专门播放教堂做礼拜的活动，以便与来不及赴教堂做礼拜的信徒配合。

教堂是神职人员工作的场所，也是信徒们进行宗教活动的场所。如今的教堂，除了其宗教意义外，还是精美的古代建筑的珍品，因此也是各国旅游者参观游览的主要景点。比如，宏伟壮观的罗马圣彼得大教堂、精雕细刻的哥特式米兰大教堂、伟大作家雨果曾描绘过的巴黎圣母院大教堂等。它们不仅是欧洲天主教堂建筑中的佼佼者，也是灿烂的欧洲古建筑中的瑰宝。国外教堂大部分免费向游人开放，但参观者须尊重教规，袒胸露背的女性常被拒绝入内。教堂内庄严而宁静，参观者绝不可喧哗吵闹，更不能干扰正在做忏悔的信徒或做伤害圣灵的举动。

不同于伊斯兰教，基督教神职人员有男有女。男的统称教士，即天主教、正教的神父和新教的牧师；女神职人员称为修女。修女一般从事慈善事业，如管理修女院，开办学校、医院、育婴堂等。年长或负责的修女称为嬷嬷。主教是基督教的高级神职人员，通常是一个地区性教会的管理人。天主教的教区遍及信奉该教的世界各地。红衣主教是最高一级的主教。

（三）基督教的主要节日及习俗忌讳

1. 节日

随着宗教渗入人类社会生活的各个方面，作为宗教习惯之一的宗教节日也进入了社会生活。这种习惯潜移默化地进入了社会生活的各个领域。不管是不是虔诚的信徒，几乎毫无例外都要欢度宗教节日。基督教的主要节日有以下三个：

复活节是纪念耶稣复活的节日，为每年春分月圆后的第一个星期天，具体日期常为 4 月 4 日。

耶稣受难日，具体日期为复活节前的星期五，通常为每年的 4 月 1 日左右。届时在教堂举行隆重的活动，一般会放假休息。

圣诞节是耶稣诞生之日，为每年的 12 月 25 日。此乃信奉新教和天主教国家最为盛大的节日，犹如我国的春节，通常从 12 月 24 日圣诞节的前夕（平安夜）开始进行庆祝。圣诞节前，各大商场、超级市场都会减价出售各种圣诞节用品和生活必需品，一般放假 3 天。

2. 习俗忌讳

由于宗教信仰关系，长期以来形成了一定的宗教习惯和忌讳。如信奉基督教的人一般都认为“13”是不吉利的数字，故举行活动时尽量避开“13”。星期五是耶稣遇难的日子，信奉基督教的人每逢此日斋戒一天，不食肉，吃小斋。举行庆祝活动也应避开星期五。相传耶稣遇难时被钉在十字架上，因此基督教视十字架为圣物。除在教堂中使用外，也常做成项链悬挂胸前，或立于死者的墓前，以示人的灵魂与耶稣同在。在信奉基督教的国家里，生、死、嫁、娶无不打上宗教的烙印。结婚须在教堂举行由神父主持的仪式。初生的婴儿按照教规应进行洗礼，并取教名，认男、女监护人为教父、教母。信徒死后，需请神父来料理后事。

二、伊斯兰教及其习俗忌讳

（一）伊斯兰教简介

“伊斯兰”是阿拉伯语的音译，意为顺服。在中国，也称回教或清真教、天方教。它于7世纪由阿拉伯半岛麦加人穆罕默德创立，分布范围极广，在亚洲、非洲特别是西亚、北非和东南亚各地的广大地区及我国西北地区都很流行。在伊朗、土耳其及其他阿拉伯地区的国家里，伊斯兰教甚至成为一股强大的政治力量。穆罕默德是伊斯兰教的创始人，生于麦加古代部落哈希姆家族。父母早亡，由祖父和伯父抚养。幼年放牧，并随伯父去巴勒斯坦、叙利亚等地经商。25岁时受雇于麦加富孀赫蒂彻，为其经商，同年与她结婚，成为富者。受当时犹太教、基督教等宗教的影响，约公元610年在麦加开始创传伊斯兰教。自称是“安拉的使者”，是最后一位先知，号召信奉安拉为唯一的神，反对多神崇拜。他遭到当时信奉多神的古来氏部落贵族、商人的反对和迫害，信徒分批逃至埃塞俄比亚。随着迫害的加剧，公元622年，他率领大批信徒逃至麦地那，在当地一些部落的支持下，建立了政教合一的宗教公社，并组织近卫军，在宗教、政治、经济、社会生活等方面制定了一整套规章制度。在此过程中，不断与麦加贵族和麦地那的犹太教徒冲突，公元630年攻下麦加。麦加贵族妥协，接受伊斯兰教，承认穆罕默德的权威。穆罕默德则承认麦加贵族在宗教和经济上的既得利益。穆罕默德清除了克尔白石殿中的所有偶像，只保留一块黑石，并将克尔白石殿改为清真寺，成为伊斯兰教的朝拜中心。次年，阿拉伯半岛上的各部落纷纷派出代表团去麦地那，表示信奉伊斯兰教，整个半岛大体归于统一。公元 632 年，穆罕默德率领 10 万穆斯林去麦加朝拜。同年 6 月 8 日，穆罕默德患伤风病死于麦地那，并葬在该地。《古兰经》又译《可兰经》，是伊斯兰教的根本经典。“古兰”系阿拉伯语的音译，意为诵读。《古兰经》分“麦加篇章”和“麦地那篇章”两大部分，共 30 卷、114 章、6200 多节。内容包括伊斯兰教的基本信仰、基本功课，对阿拉伯社会的各种主张和伦理规范，为政教合一的宗教公社确立宗教、政治、经济、军事和法律制度，与多神教徒、犹太教徒、基督教徒论辩的记述。《古兰经》由穆罕默德在 23 年的传教过程中以安拉“启示”为名陆续颁布，由其弟子默记或零散记录在兽皮、树叶、石板上。穆罕默德去世后，其继承人搜集、整理、加工、订正、编纂，形成标准本，流传至今。伊斯兰教基本教义为“六大信仰”，即信安拉、信天使、信经典、信使者、信前定、信后世。基本宗教义务：信仰的表白，即念诵“除安拉外，别无他神；穆罕默德，安拉的使者”，一日五次礼拜；一年斋戒一个月；交纳天课；如条件允许，一生中去麦加朝拜一次。此外，还有“圣战”“行善”两项。该教主要经典《古兰经》是其立法、道德规范、思想学说等的主要依据。穆罕默德死后，由于政治、宗教和社会主张的分歧，教内形成各种教派，主要有逊尼和什叶两大派。伊斯兰教的教徒称为穆斯林，参加世界穆斯林大会的成员国有 42 个，有阿尔及利亚、埃及、巴基斯坦、科威特、利比亚、马来西亚等国。在伊斯兰国家中，奉伊斯兰教为国教的有马来西亚、文莱等 16 个国家。

（二）伊斯兰教的清真寺、礼拜

清真寺是伊斯兰教徒举行宗教仪式和传授宗教知识的地方，也是阿拉伯建筑风格的主要体现。原先是有廊的露天大院，后才有寺院建筑。各国的清真寺结合地方建筑传统，各有特色，其祭坛都是背对着伊斯兰教圣地麦加的，使教徒做礼拜时都面向麦加跪拜。在信奉伊斯兰教的国家，特别是在阿拉伯国家，大小清真寺如同欧洲的教堂一样随处可见。世界著名的清真寺有麦加的圣寺、麦地那的先知寺、耶路撒冷的艾格撒礼拜寺、开罗的艾资哈尔大寺、伊斯坦布尔的苏里曼大寺等。它们不仅以历史悠久、寺院宏大壮丽而闻名于世，同时也是建筑艺术中的精品，是各国游客的必游景观。

礼拜是伊斯兰教五项基本功课之一，是伊斯兰教徒面向麦加祈祷的宗教仪式。礼拜前要做小净。礼拜的动作有立站、诵经、鞠躬等。主要礼拜：每日五次礼拜，分别在晨、晌、晡、昏、宵五个时辰内举行。每星期五举行一周的主礼拜，在正午后教徒集体举行一次主礼拜，所以这天休息，不工作。每逢朝圣节，世界各地成千上万的朝圣者涌向麦加，将圣地挤得水泄不通。各国航空公司为此专门安排了开往麦加的航班和包机，几乎班班客满。

（三）伊斯兰教的主要节日和习俗忌讳

1. 节日

圣纪节是伊斯兰教的重要节日，是先知穆罕默德的诞辰日，伊斯兰教历三月十二日为圣纪节。开斋节也是伊斯兰教的主要节日之一，伊斯兰教历十月一日为开斋节。每逢此节，穆斯林沐浴、盛装举行会礼，相互庆祝，并大吃美味佳肴。我国新疆地区称此节为肉孜节。古尔邦节即伊斯兰教的献牲、宰牲节，也是伊斯兰教的主要节日之一。伊斯兰教历十二月十日为古尔邦节。此时政府部门、各公共设施或服务设施机构等均不办公。根据伊斯兰教教规，伊斯兰教历太阴年九月份斋戒一个月，斋戒为伊斯兰教五项基本功课之一。伊斯兰教教规规定，在斋月里，每日黎明到日落禁止饮食和房事。因此，每当夜晚，商店、饭馆、各种服务设施破例开门，热闹非凡。

2. 习俗忌讳

（1）不吃猪肉，也忌谈猪，以牛羊肉为主食。但是供外国游客居住或就餐的地方，可吃到猪肉。

（2）不饮酒。根据教规，酒是万恶之源，所以在饭店、餐馆，一般不出售酒类。只有在外国游客居住的地方才出售酒类。

（3）根据《古兰经》，色也是万恶之源。因此，公共娱乐场所不得有伤风败俗的娱乐活动，如开妓院、放色情电影、演色情戏等。

（4）由于宗教的清规戒律导致妇女在社会和家庭中地位较低，非但男女授受不亲，甚至妇女出门也要戴上黑色的面纱。

（5）规定左手为“净手”的专门用手，因此与人握手或向别人赠送物品时，都忌用左手。

三、佛教及其习俗忌讳

（一）佛教简介

佛教与基督教、伊斯兰教并称为世界三大宗教。相传为公元前 6 世纪至公元前 5 世纪由释迦牟尼创立。“释迦”为种族名，“牟尼”是尊称，“释迦牟尼”意为释迦的圣人，是佛教徒对他的尊称。据传他是古印度北部迦毗罗卫国净饭王的儿子，属刹帝利种姓。幼年受传统的婆罗门教育，29 岁时有感于人生的生、老、病、死之苦，又不满当时婆罗门教及其种姓制度，于是舍弃王族生活，出家修道。他拜访了一些名师，又经过了 6 年苦行，感到苦行不能达到解脱的目的，于是来到菩提伽耶的毕波罗树下静坐思维，最终获得“觉悟”。他以四谛、十二因缘等道理先向侍卫等 5 人说法，其后一直在印度北部、中部恒河流域传教，前后共 45 年，从而奠定了原始佛教的基本教义，并组成了传教的僧团。他的弟子据说有 500 人之多，其中著名的 10 人称为十大弟子。释迦牟尼于 80 岁时逝世。释迦牟尼最初是被当作“觉悟者”看待的，尊之为佛，后逐渐被佛教徒神化。佛教在印度的发展经过原始佛教、部派佛教、大乘佛教、大乘密教四个阶段。大乘佛教以前的佛教称为小乘佛教。9 世纪，佛教在印度本土渐趋衰微，至 13 世纪初归于消失，19 世纪后才稍有复兴。佛教从古印度向境外的传播始于公元前 3 世纪，后逐渐发展成为世界性的宗教。传入中国大部分地区及朝鲜、日本等国的以大乘佛教为主，称北传佛教；传入斯里兰卡、缅甸、泰国、柬埔寨、老挝及中国傣族等地区的以小乘佛教为主，称南传佛教。19 世纪以来，佛教在欧美各国也逐渐流传。佛教在中国封建社会的意识形态中占有重要的地位，佛教思想对中国哲学、道学、文学、艺术及民间风俗都有一定影响。参加世界佛教联谊会的有 34 个国家和地区的 66 个佛教组织。这些国家和地区是澳大利亚、奥地利、巴西、比利时、德国、法国、菲律宾、荷兰、加拿大、柬埔寨；老挝、马来西亚、缅甸、尼泊尔、日本、斯里兰卡、泰国、新加坡、印度、英国、中国等。佛教在泰国、缅甸、柬埔寨、老挝等东南亚国家曾被尊为国教。佛门中的出家人创造了灿烂的佛教文化，如柬埔寨的吴哥艺术、我国的敦煌文化等。佛教寺庙大都修建精美，不仅是佛教徒聚会、烧香拜佛的宗教场所，也是世界建筑艺术宝库中独具一格的艺术珍品。在信奉佛教的许多国家，寺庙和佛塔已成为外国游客必不可少的参观游览地，也是旅游行程中的重头戏。佛教也有庞大的专职队伍，男的称为僧，即和尚，他们在寺庙中居住并从事宗教活动；女的称为尼姑，她们居住的地方叫庵。在东南亚信奉佛教的国家里，佛教人员靠施舍或化缘为生。寺庙靠国家拨款或富豪捐款兴建，平时靠烧香拜佛的施主施舍，以维持香火。

（二）佛教的习俗忌讳

在信奉佛教的东南亚国家，至今仍保留着浓厚的佛教习俗。在缅甸、泰国，家长常将男孩送入庙里出家几年，一方面表示对佛的虔诚，另一方面孩子可在那里学习文化。在某些国家（如泰国），几乎每个男孩都要经过这个阶段。信奉佛教的人，家里举办丧事要请和尚来念经，行举哀之礼仪。佛教也有许多戒规。佛教主张不杀生，因此僧尼以素食为本。也规定在一定的时间吃斋，遇上这些日子，屠宰场停止屠宰，市场上也不出售肉食。佛教还有许多忌讳，如不可随便抚摸小孩的头顶，坐时不可跷二郎腿，等等。

第三节　我国主要客源国风俗礼仪

改革开放30多年来，我国的国际航空客运线路逐年递增，在为国际友人提供服务的过程中，空乘服务人员宣传了改革开放的伟大成果，促进了我国与世界各国的经济、文化交流。但由于各国宗教文化背景的不同，在民俗禁忌等方面有不少差异，故而在服务过程中仍出现了一些问题。本节旨在帮助了解我国主要客源国的民俗与礼仪，为提高民航服务水平提供更好的帮助。

一、亚洲地区

（一）日本

1. 概况

日本，全称日本国，意为“日出之国”“太阳升起的地方”，居民主要为大和族。首都东京，语言日语，货币日元，国花樱花。主要名胜有富士山、桂离宫、金阁寺、东大寺等。日本是我国旅游业主要客源国之一。

2. 宗教信仰

主要宗教为神道教和佛教。

3. 主要习俗

日本受我国传统文化影响深远，至今还保留着浓厚的唐代礼仪和风俗。

日本人十分注重礼貌礼节，待人接物谦恭有礼，通常在见面时互相行鞠躬礼。第二次世界大战以后，握手礼逐渐成为日本人常用的礼节，但通常与对方握手后还要行鞠躬礼，尤其是道别时。

日本人不给他人敬烟，若自己想吸烟，通常要征得对方的同意。日本盛行送礼，而且送礼已成为整个日本民族的风气。礼品数额一般为奇数，通常为1、3、5、7等。礼品要选择适当，中国的文房四宝、名人字画、工艺品等最受欢迎。赠送或接受礼品时要用双手。

饮食上日本人口味清淡，喜爱少油腻、味鲜带甜的菜肴。爱吃牛肉、海产品、豆腐和各种时鲜蔬菜，但不喜爱吃羊肉和猪内脏。日本人喜爱喝酒，即使喝得大醉，也不视为失礼。日本饮食主要分为三种：和食（日本料理）、洋食（西餐）和中餐（中华料理）。

日本人早餐喜食粥、牛奶再配上面包，午、晚餐的主食为大米。日本人尤其偏爱吃生蛎肉、生鱼片，这是日本饮食的一大特色。日本人还爱喝酱汤、吃泡菜，用白米饭就酱汤是日本传统的早餐。

4. 禁忌

日本人忌讳数字“4”和“9”，因为日语中“4”和“9”的发音与“死”和“苦”相同，因此赠送礼品或者选择喜庆日子均避开这两个数字。受西方影响，不少人也忌讳数字“13”。

另外，日本人不用梳子做礼品，因为它的发音和“苦”“死”相同，不吉利；不用手绢做礼品，因为它会让人联想到擦眼泪，意味着分离。

花类中，日本人忌讳荷花，因为在佛教中荷花常出现于丧事。因此，日本人不送荷花，也不送画有荷花的器物、图画等。见面时忌说“你吃过饭了吗”之类的话。交谈时忌问青年妇女的年龄及婚配情况。在公共场所忌大声喧哗。笑时也不宜大声笑，妇女往往用手捂嘴微笑。鞠躬时忌把手插在口袋里。吃饭时忌将筷子垂直插在米饭中，因为日本人习惯于人死后在其枕边放一满碗米饭，把筷子垂直插在其中。

（二）韩国

1. 概况

韩国，全称大韩民国。全国为单一民族，首都首尔（旧译汉城），语言韩语，货币韩元，国花木槿花。

2. 宗教信仰

韩国人主要信奉佛教、基督教，儒家传统在韩国比较流行，儒家文化对韩国民众有深远的影响。

3. 主要习俗

韩国人十分注重礼节，长幼、上下级和同辈之间的用语有严格区别，尊敬长者、孝顺父母、尊重老师是全社会风俗。上下班时必互致问候，隆重场合或接待贵宾时要低头行礼。对师长和有身份的人递接物品时，要用双手并躬身。未经许可，年轻人不得在长者面前吸烟。到韩国人家中做客最好带一些鲜花等小礼品。

韩国菜的口味介于中国菜和日本菜之间，常以蛋白质含量高的食物为原料，并多用蔬菜做配料。韩国特色风味菜有泡菜、烤肉、火锅、汤饭面食、生鱼片、生牛肉和什锦饭等。传统的酒有浊酒（用大米或糯米酿成）、药酒和烧酒，其他还有清酒、啤酒和威士忌等。饮酒时喜欢相互敬酒，酒兴之际喜欢唱歌。

4. 禁忌

韩国人对国旗、国歌和国花十分珍视，绝不可不敬。韩国人禁忌数字“4”，因其在韩语中与“死”同音。

韩国人喜欢单数，不喜欢双数，不能伸一根手指指人，要伸出手掌，掌心向上指示，招呼人过来时手心要向下。客人进门要脱鞋，鞋头应朝内。

（三）泰国

1. 概况

泰国，全称泰王国，首都曼谷。泰国是一个由泰族、老族、马来族、高棉族等 30 多个民族组成的多民族国家。语言泰语，货币泰铢，国花睡莲，国树桂树。

泰国以其悠久的历史、丰富多彩的名胜古迹、辽阔的海滩和绮丽的热带风光而闻名于世。泰国有 3 万多座古老的寺庙和宫殿，被称为“千佛之国”。

2. 宗教信仰

佛教是泰国的国教，有 90%以上的居民信仰佛教。当地马来族信奉伊斯兰教，还有少数居民信奉基督教新教、天主教、印度教和锡克教。几百年来，泰国的风俗习惯、文学艺术和建筑等几乎都和佛教有着密切的关系。到泰国旅游，随处可见身披黄色袈裟的僧侣和富丽堂皇的寺院，因此泰国又有“黄袍佛国”的美名。佛教为泰国人塑造了道德标准，使之形成了崇尚忍让、安宁和爱好和平的精神风范。

3. 主要习俗

按古老习俗，泰国的男子成年后必须削发为僧出家一次，国王也不例外。在泰国，僧侣有许多特权，许多家庭设有单独放置佛像和祭坛的房间，供早晚膜拜。许多人脖子上都系有佛饰，一旦到了被认为是亵渎神明的地方，则要把佛饰解下来，放在怀里。泰国多产象，故又称“大象之邦”。白象被视为佛的化身，只能由王室饲养。

泰国人见面时行合掌礼，即双手合十于胸前，头稍稍低下，互致问候。由于辈分不同，双手合十的位置也不同：晚辈对长辈，双手合十于前额；平辈相见时，双手略举至鼻子高度；长辈对小辈只要举到胸部高度即可。泰国人也行握手礼，但只在政府官员与知识分子中流行，且男女之间不准握手。

泰国人的主食为大米，副食以鱼和蔬菜为主。最喜欢的食物是咖喱饭，常食鸡粥、甜包猪油糕等，不吃海参、牛肉，喜爱辣和煎、炸、炒的菜肴，不爱红烧甜味的菜肴，日常以鱼虾为小菜。泰国人就餐时，习惯屈膝围桌跪坐，不用筷子而是用手抓着吃。

4. 禁忌

泰国人重视头部，轻视双脚，因此不能随便摸人的脑袋，小孩子的头也不能摸，否则是对人的不敬。长辈在场时，晚辈必须坐在地上或跪坐，以免高于长辈头部。不能将物品从别人头部递过。睡觉时不能头朝西，忌用脚踢门，不能盘腿而坐，不能脚心对人。

与泰国人交谈绝不能讲对佛祖和国王不敬的话；递物品时应用右手，因泰国人用左手拿不洁之物；忌红色，因为书写死者姓氏时一般都用红颜色；交谈时忌讳双腿交叉，否则会被认为是对交谈者的失礼。

二、欧洲地区

（一）英国

1. 概况

英国，全称大不列颠及北爱尔兰联合王国，分英格兰、威尔士、苏格兰和北爱尔兰四部分。首都伦敦，语言英语（威尔士北部地区还使用威尔士语，苏格兰西北及北爱尔兰部分地区仍使用盖尔语），货币英镑，国花玫瑰花。英国自然风景秀丽，旅游资源丰富。英国的古迹比比皆是，目前，英国被联合国列入世界文化和自然遗产的名胜古迹和天然景观就是14处。

2. 宗教信仰

英国居民多信仰基督教新教，主要分英格兰教会（亦称英国国教圣公会）和苏格兰教会（亦称长老会）。另有天主教和佛教、印度教、犹太教及伊斯兰教等较大的宗教社团。

3. 主要习俗

英国的礼俗丰富多彩，彼此第一次认识时，一般都行握手礼，不像东欧人那样常以拥抱示礼。随便拍打客人在英国被认为是非礼的行为。

英国人性格孤僻，生活刻板，办事认真，对外界事物不感兴趣，往往寡言少语，对新事物持谨慎态度，具有独特的冷静和幽默。英国人做事很有耐心，任何情况下，他们绝不面露焦急之色。

英国人待人彬彬有礼，讲话十分客气，“谢谢”“请”字不离口。英国人对于妇女是比较尊重的，“女士优先”的社会风气很浓。英国各民族遵循传统的习惯，应尽量避免用“English”一词来表示“英国的”“英国人”。

4. 禁忌

不能插队，插队在英国被认为是一种令人不齿的行为。

不能问女士的年龄。因为女士的年龄被认为是秘密，而且每个人都想永葆青春，没有比对中年妇女说一声“你看上去好年轻”更好的恭维了。

英国人也不喜欢谈论男人的工资，甚至他家里的家具值多少钱，也是不该问的。

不能砍价。英国人不喜欢讨价还价，认为这是很丢面子的事情。

英国人还有其他一些禁忌须注意，例如他们不从梯子下走过，在屋里不撑伞，不把鞋子放在桌子上，从不用人像做的装饰灯。菊花在任何欧洲国家都只用于万圣节或葬礼，一般不宜送人。白色的百合花在英国象征死亡，也不宜送人。

（二）法国

1. 概况

法国，全称法兰西共和国，首都巴黎，语言法语，货币欧元，国花鸢尾花。法国是世界著名的旅游目的地，有“全球第一旅游目的国”的称号。巴黎、地中海和大西洋沿岸的风景区以及阿尔卑斯山区都是旅游胜地。

2. 宗教信仰

居民中90%的人信仰天主教，另有约400万人信仰伊斯兰教及少数新教、犹太教、佛教、东正教。

3. 主要习俗

受传统文化的影响，法国人不仅爱冒险，而且喜欢浪漫的经历，渴望自由，但纪律性较差，法国人是最著名的“自由主义者”。“自由、平等、博爱”不仅被法国宪法定为本国的国家箴言，而且在国会上明文写出。

法国人诙谐幽默，天性浪漫，善于交际，重视社交礼仪。法国人自尊心强，偏爱“国货”。在人际交往中，法国人采取的礼节主要有握手礼、拥抱礼和吻面礼。法国女人的家庭和社会地位很高。法国的男人非常尊重妇女，走路、进屋、入座，都要让妇女先行；介绍两人相见时，一般职务相等时先介绍女士；握手时，一定要等女士先伸手，且握手女士可戴手套，而男士一定要摘下手套。交往中，法国人对礼物十分看重，同时又有其特别的讲究。与法国人交往，宜选择具有艺术品位和纪念意义的物品，不宜选用刀、剑、剪、餐具或带有明显的广告标志的物品。在接受礼品时，若不当着送礼者的面打开包装，则被认为是一种无礼的表现。

法国人视鲜艳色彩为高贵，视马为勇敢的象征，认为蓝色是宁静和忠诚的色彩，粉红色是积极向上的色彩，厌恶墨绿色。

4. 禁忌

一般不宜随意将菊花、玫瑰、水仙花、金盏花等送给法国人。在当地，送菊花是表示对死者的哀悼。男人不能送红玫瑰给已婚女子，因为玫瑰花表示爱情。且送花的数量不能是双数。

法国人忌讳核桃，忌用核桃图案，商标上忌用菊花。法国人还视孔雀为恶鸟，并忌讳仙鹤（认为它是蠢汉与淫妇的象征）、乌龟、杜鹃花、纸花，认为这些不吉利。

法国人大多信奉天主教，认为“13”这个数字以及“星期五”都是不吉利的，甚至认为能由此引发祸事。

法国人忌讳对老年妇女称呼“老太太”；忌讳男人向女人送香水，认为其有过分亲热和图谋不轨之嫌；忌讳打听别人的政治倾向、工资待遇以及个人的私事。

（三）德国

1. 概况

德国，全称德意志联邦共和国，首都柏林，居民包括日耳曼民族及德国的少数民族和犹太人，语言德语，货币欧元。德国旅游业发达，科隆大教堂、柏林墙等举世闻名，慕尼黑啤酒节也是深受旅游者喜爱的旅游项目。

2. 宗教信仰

居民中约 1/3 的人信仰基督教，1/3 的人信仰罗马天主教。

3. 主要习俗

德国人守纪律，讲整洁，守时间，喜清净，待人诚恳，注重礼仪。朋友见面以握手为礼，告别时亦如此。在交往过程中，大多数人用“您”以及姓氏之前冠以“先生”“女士”作为尊称。对女性，不管其婚否或长幼，都可以称“某女士”，但对已婚妇女应以其夫姓称之。送礼在德国也很受重视。

在德国，女士在许多场合都受到优先照顾，如进门、进电梯、上车等，都是女士优先。男士要帮女士开轿车门、挂衣服、让座位等，而女士对此只用说声“谢谢”，大可不必感到不好意思，或者认为对方不怀好意。在与人交谈时，德国人很注意尊重对方，不询问人家的私事（如不问女性的年龄，不问对方的收入等），也不拿在场的人开玩笑。就餐谈话时，不隔着餐桌与坐得较远的人交谈，怕影响别人的情绪。

德国的饮食有自己的特色。德国人多属日耳曼族，爱好“大块吃肉，大口喝酒”，每人每年的猪肉消费量居世界首位。除了猪肉，德国人均面包消费量也高居世界榜首，德国人均啤酒消费量也居世界首位。

4. 禁忌

在德国，忌讳数字“13”，要是13日碰巧又是星期五，人们会特别小心谨慎。此外，德国人的生日不得提前庆祝。在德国，不能轻易打听人的年龄、职业、婚姻状况、宗教信仰、政治倾向。尤其对女性，更得十分注意。遇到别人生病，除伤风感冒或外伤等常见的病外，不要问及病因及病情，否则有窥视别人隐私的嫌疑。

（四）俄罗斯

1. 概况

俄罗斯，全称俄罗斯联邦，首都莫斯科。全国有130多个民族，其中俄罗斯族占82.95%。俄语是俄罗斯联邦全境内的官方语言，各共和国有权规定自己的国语，并在该共和国境内可与俄语一起使用。国内主要少数民族都有自己的语言和文字，货币卢布，国花葵花。克里姆林宫、红场、冬宫、圣瓦西里大教堂等景点闻名于世。

2. 宗教信仰

居民多信仰东正教，其次为伊斯兰教。

3. 主要习俗

在交际场合，俄罗斯人和初次会面的人行握手礼。握手时应脱掉手套，站直或身体稍微前倾，保持一步左右距离，同时应注视对方的眼睛，且不可把另一只手放在口袋里。若是许多人同时相互握手，切忌形成十字交叉形。在比较隆重的场合，男子要弯腰吻女子的右手背。

在迎接贵宾时，俄罗斯人通常会向对方献上面包和盐。这是给予对方的极高的礼遇，来宾必须对其欣然笑纳。同时，要注意在收到别人的礼物时，最好当面打开致谢。

通常情况下，俄罗斯人在寒暄、交谈时，对外表、装束、身段都可以夸奖，但对人的身体状况不能过问，这个习惯正好与中国人相反。俄罗斯人与他人相见时，通常都会主动问候“早安”“午安”“晚安”“日安”。

在正式场合，俄罗斯人一般采用“先生”“小姐”“夫人”之类的称呼。他们非常注重人的社会地位，因此对有职务、学衔、军衔的人，最好以其职务、学衔、军衔相称。

俄罗斯人以面食为主食，他们很爱吃用黑麦烤制的面包。除了黑面包之外，俄罗斯的特色食品还有鱼子酱、酸黄瓜、酸牛奶等。在饮食习惯上，俄罗斯人讲究量大实惠、油大味厚，这与他们多数的国土处于较寒冷地带有关。他们喜欢酸、辣、咸等口味，偏爱炸、煎、烤的食物。

俄罗斯人十分爱吃冰淇淋。他们也很能喝饮料，很喜欢一种叫“格瓦斯”的饮料。他们爱饮烈性酒，最爱喝的是具有该国特色的烈酒——伏特加。

通常，俄罗斯人不吃驴肉、马肉、海参、海蜇、木耳等，还有不少人不吃鸡蛋和虾。俄罗斯人多用刀叉进食，他们忌讳用餐时发出声响。

俄罗斯人将手放在喉部，一般表示已经吃饱。

4. 禁忌

俄罗斯人特别忌讳“13”这个数字，认为它是死亡的象征，但他们认为“7”意味着幸福和成功。俄罗斯人不喜欢黑猫，认为它会带来厄运。俄罗斯人认为镜子是神圣的物品，打碎镜子意味着灵魂的毁灭。但是如果打碎杯、碟、盘则意味着富贵和幸福，因此在一些隆重的场合，他们还特意打碎一些碟盘表示庆贺。俄罗斯人通常认为马能驱邪，会给人带来运气，尤其相信马掌是表示祥瑞的物体，认为其具有降妖的魔力。在俄罗斯，遇见熟人不能伸出左手去握手问好，学生在考场不要用左手抽考签，隔着门槛不握手。

三、美洲地区

（一）美国

1. 概况

美国，全称美利坚合众国，首都华盛顿，语言英语，货币美元，国花玫瑰，国鸟白头海雕（秃鹰）。美国旅游资源丰富，主要名胜有科罗拉多大峡谷、黄石国家公园、夏威夷群岛、尼亚加拉大瀑布等。

2. 宗教信仰

居民中56%信仰基督教新教，28%信仰天主教，2%信仰犹太教，信仰其他宗教的占4%，不属于任何教派的占10%。

3. 主要习俗

美国人一般性情开朗、乐于交际、不拘礼节。握手的时候习惯握得紧，眼要正视对方，微弓身，认为这样才算是礼貌的举止。在告别的时候也只是向大家挥挥手或者说声“再见”“明天见”。美国人喜爱白色，认为是纯洁的象征；偏爱黄色，认为是和谐的象征；喜欢蓝色和红色，认为是吉祥如意的象征。他们喜欢白猫，认为白猫可以给人带来好运气。

美国人不喜欢清蒸和红烩菜肴，不喜欢过烫的菜肴，口味忌咸，以稍偏甜为好。喜欢喝可乐、啤酒、冰水、矿泉水、威士忌、白兰地等。不喜欢在自己的餐碟里剩食物，认为这是不礼貌的。喜爱中国的苏菜、川菜和粤菜。

与美国人谈话时，最好保持半米左右的距离，否则会令他们感觉不舒服。美国人说话时往往爱做手势，可能拍拍对方的肩膀，以示友好，或者轻拍小孩的脑袋以示亲热。许多美国人都惯用左手，在美国左右手没轻重之分，不论用左手还是右手都没有什么不敬。

4. 禁忌

美国人忌讳向妇女赠送香水、衣物和化妆用品。因美国妇女有化妆的习惯，所以他们不欢迎服务员送香巾擦脸。忌讳冲别人伸舌头，认为这种举止是污辱人的动作。他们讨厌蝙蝠，认为它是吸血鬼和凶神的象征。忌讳数字“13”和“星期五”等。

（二）巴西

1. 概况

巴西，全称巴西联邦共和国。居民中白种人占 54.3%，黑白混血种人占 39.94%，黑种人占 5.39 %，黄种人占 0.46%，印第安人约占 0.16 %。首都巴西利亚，语言葡萄牙语，货币雷亚尔。素有“地球之肺”之称的亚马逊森林面积达 750 万平方千米，占世界森林面积的 1/3，其中大部分位于巴西境内。巴西是世界第一大咖啡生产国和出口国，有“咖啡王国”之称。著名的旅游点有里约热内卢、圣保罗、伊瓜苏瀑布和伊泰普水电站等。

2. 宗教信仰

巴西 71%的居民信仰天主教。

3. 主要习俗

巴西的风俗习惯与欧洲差不多。巴西人有时较拘礼，有时又十分随和。初见面时，他们以握手为礼，亲戚朋友彼此问候，也习惯拥抱、亲颊。对完全不相识的陌生人也可以拥抱、亲颊。社交礼仪的亲颊是在两颊各亲一下，男女彼此亲颊问候，女人与女人也习惯如此。然而在大多数社交圈中，黑种人彼此不兴这一套。他们习惯握手，同时用左手在对方肩上拍一拍。比较亲近的男士彼此习惯拥抱，在对方背上可重重拍打。

巴西人平常主要吃欧式西餐。因为畜牧业发达，巴西人所吃食物之中肉类所占的比重较大。在巴西人的主食中，巴西特产黑豆占有一席之地。巴西人喜欢饮咖啡、红茶和葡萄酒。

4. 禁忌

忌用绛紫色的花为礼，因为巴西人惯以紫花为葬礼之花。与巴西人打交道时，不宜向其赠送手帕或刀子。英美人所采用的表示“OK”的手势，在巴西人看来是非常下流的。

四、大洋洲及非洲地区

（一）澳大利亚

1. 概况

澳大利亚，全称澳大利亚联邦，首都堪培拉。澳大利亚居民中70％是英国及爱尔兰后裔，18％为欧洲其他国家后裔，6％为亚裔，约2.3％为土著居民。多民族形成的多元文化是澳大利亚的显著特征。语言英语，货币澳大利亚元（澳元），国花金合欢。澳大利亚四面环海，环境优美，污染少，是一个休闲度假的胜地。旅游业也是澳大利亚发展最快的行业之一。悉尼、凯恩斯市、黄金海岸、墨尔本等都是著名的旅游城市。

2. 宗教信仰

澳大利亚大多数居民信仰基督教。

3. 主要习俗

在澳大利亚人口中，白种人占88％，其中绝大多数为英国血统，其余为意大利、希腊等国移民的后裔。这一人口结构自然形成了其接近于英国传统的习俗，当地土著人则仍保持着自己特有的习俗。澳大利亚人的姓名排列仍沿袭欧洲的传统，名在前，姓在后。在澳大利亚，对服务人员一般可称呼其身份，但是更多的人称服务人员为先生、夫人或小姐。如果知道姓名，也可直称其名。

澳大利亚的时间是“一国五制”局面，地区之间相差半小时至两小时，夏时制的起止时间也有差别。所以在澳大利亚的城市之间旅行时要注意时差，要了解当地时间。

澳大利亚人性格爽快，粗犷开朗，喜欢直截了当地表示自己的意见。他们待人接物较随便，喜欢与人交谈并能很快地结交朋友。澳大利亚女性相对较为保守，她们办事认真，时间观念强，很像英国人，但又不像英国人那样墨守成规。澳大利亚人习惯以握手表示友谊，但在亲朋好友之间通常行亲吻礼以示情感。澳大利亚人在公共场所自觉排队等候服务，买票、购物、乘车、存取钱等都按顺序排队进行。排队时人与人之间要留有一定的距离，绝不能紧靠前面的人，插队更是无礼行为。

澳大利亚人十分注重穿着和用餐礼仪。吃东西发声大、刀叉碰撞声大、边咀嚼边讲话都被认为是失礼的举止。

澳大利亚人的饮食习惯与英国人相似，但更喜爱吃鱼类和蔬菜，对中餐非常喜欢。

澳大利亚人的饮食有下列特点：

（1）注重菜肴色彩，讲究新鲜、质高。

（2）口味爱甜酸，不喜太咸。

（3）主食喜面食，尤其喜欢中国的水饺。

（4）喜吃鸡、鸭、海鲜、牛肉、蛋类，也喜吃豆芽、西红柿、生菜、菜花等。

（5）偏爱煎、炸、炒、烤的菜肴。

（6）喜啤酒和葡萄酒，饭后喜咖啡，也很爱饮红茶和香片花茶。

（7）喜新鲜水果，荔枝、苹果最受欢迎，喜食花生米。

4. 禁忌

澳大利亚人无意打探他人的私事。与澳大利亚人交谈时，不要涉及金钱、婚姻、年龄、职业、宗教信仰等私事。

（二）埃及

1. 概况

埃及，全称阿拉伯埃及共和国，首都开罗，人口以阿拉伯人为主，官方语言为阿拉伯语，通用英语和法语，货币埃及镑，国花莲花。埃及是四大文明古国之一，素有“世界名胜古迹博物馆”之称。在尼罗河谷、地中海畔以及西部沙漠等地都发现了大量的古埃及文明的遗迹。

2. 宗教信仰

伊斯兰教为埃及国教，信徒主要是逊尼派，占总人口的84%。基督教和其他教信徒约占16%。

3. 主要习俗

埃及自古不是一个封闭的国家，它曾遭到来自亚、非、欧一些国家的占领和长期统治。埃及人同异族人通婚、融合直至最终被同化为阿拉伯人，但他们又区别于其他阿拉伯人，一些家庭好似“联合国”，父母、儿女、女婿、儿媳分属不同的国籍。埃及人视外国人如同本国人，绝不会把他们看作“洋人”“外国贵宾”。埃及人非常容易接近和成为朋友，人际关系相对轻松、融洽。他们喜欢帮助别人，乐善好施，偷盗和犯罪行为较少，埃及人三句话不离真主。

埃及人忌讳在用餐时交谈，否则会被认为是对神的亵渎。他们喜食羊肉、鸡肉、鸭肉、鸡蛋以及豌豆、洋葱、南瓜、胡萝卜、土豆等。在口味上，一般要求清淡甜香、不油腻。串烤全羊、烤全羊是他们的佳肴。

埃及人一般都遵守伊斯兰教教规，忌讳喝酒，喜欢喝红茶。他们用餐后有饮茶聊天的习惯。忌吃猪肉、狗肉，也忌谈猪、狗。不吃虾、蟹等海味及动物内脏（除肝脏外），也不吃鳝鱼、甲鱼等异状的鱼。

4. 禁忌

男士不主动和妇女攀谈，不夸人身材苗条。不要夸奖埃及人家里的东西，否则会被认为你在向他索要。不要与埃及人谈论宗教纠纷、中东政变及男女关系。

在埃及，一到下午三至五点之间，人们大都忌讳针。商人不卖针，人们也不买针，即使有人愿出10倍的价钱买针，店主也会婉言谢绝，绝不出售。

在埃及，进清真寺时，务必脱鞋。埃及人爱绿色、红色、橙色，忌蓝色和黄色，认为蓝色是恶魔，黄色是不幸的象征，遇丧事都穿黄衣服。也忌熊猫，因它的形体近似肥猪。喜欢金字塔形莲花图案。禁穿有星星图案的衣服，除了衣服，有星星图案的包装纸也不受欢迎。埃及人忌讳数字“13”，认为它是消极的。吃饭时要用右手抓食，不能用左手。不论送给别人礼物，还是接受别人礼物，都要用双手或者左手，千万别用右手。在埃及人面前，不能把两手的食指捧在一起，他们认为这个手势不雅。

（三）南非

1. 概况

南非被称为“彩虹之国”。南非有 11 种官方语言，英语和阿非利卡语（南非荷兰语）为通用语言。货币兰特，国石钻石。南非自然风光绮丽多姿，人文景观丰富灿烂，素有“游览一国如同环游世界”的说法。

2. 宗教信仰

居民主要信仰基督教新教、天主教、伊斯兰教和原始宗教。

3. 主要习俗

南非礼仪可以概括为“黑白分明，英式为主”。所谓“黑白分明”，是指受到种族、宗教、习俗的制约，南非的黑种人和白种人所遵从的社交礼仪不同。例如，南非的黑种人往往会使人感到性格外露，肢体语言非常丰富；而南非的白种人则大多数显得较为矜持，讲究的是喜怒不形于色。“英式为主”，是指在很长的一段历史时期内白种人掌握南非政权，并且长期推行种族歧视政策，使白种人的社交礼仪特别是英国式社交礼仪广泛流行于南非社会。

在社交场合，南非人所普遍采用的见面礼是握手礼，对交往对象的称呼则主要是“先生”“小姐”“夫人”。西方人所讲究的绅士风度、女士优先、守时践约等基本礼仪，南非人早已身体力行。

南非黑种人有着自己的个性与尊严，因此，要对南非黑种人的特殊礼仪表示认同和尊重。有时，南非黑种人在待人接物上会表现出不同于主流社会的风格。如有些黑种人在与客人相见时会行拥抱礼或亲吻礼，有些黑种人则会行一种形式独特的握手礼，即先用左手握住自己右手的手腕，然后再用右手去与人握手。

在迎客时，许多地方的黑种人往往列队相迎，载歌载舞，习惯以鸵鸟毛或孔雀毛赠予贵宾，客人们则应高高兴兴地将这些珍贵的羽毛插在自己的帽子上或头发上。

南非黑种人的姓名虽然大多已经西化，但他们在称呼时还喜欢保留自己的传统，即在姓氏之后加上相应的辈分，如“乔治爷爷”“海伦大婶”等，以表示双方关系的亲密。在饮食习惯上，南非人也表现出“黑白分明”的特点。南非的白种人饮食习惯与英国人相似，以西餐为主，他们吃牛肉、鸡肉、鸡蛋、面包和青菜，爱喝咖啡和红茶，意大利式的烤馅饼也很流行。南非黑种人大多以玉米和大米为主食，喜欢牛肉、羊肉，一般不吃猪肉，也不大吃鱼，不喜欢生食，爱吃熟食。

南非著名的饮料是被称为“南非国饮”的如宝茶，它深受南非各界人士的欢迎，被称为“南非三宝”之一。

4. 禁忌

南非人忌讳数字“13”和“星期五”。南非黑种人非常敬仰自己的祖先，他们特别忌讳外人对自己的祖先言行失敬。与南非人交谈，有四个话题不宜涉及：①不要为白种人评功摆好；②不要评论不同黑种人部族或派别之间的关系及矛盾；③不要非议黑种人的古老习惯；④不要为对方生了男孩表示祝贺。此外还应注意以下几点：

（1）使劲握手。如果握得有气无力，会被认为是礼貌不周，最好握得他们手都感觉到麻木叫痛。

（2）不能提肤色。“negro”“Blank”两个词在非洲是最大的禁忌。

（3）举手打招呼。举起右手，手掌向着对方，表示“我的手并没握石头”，这是友好的象征。

（4）镜头如枪口。非洲人普遍认为照相机会吸收“精气”，人、房屋、家畜一律不准拍摄。如想拍摄，之前最好打个招呼，获得同意之后再行动，以免产生误会。

第四节　我国港澳台地区风俗礼仪

大陆一直为港澳台地区传统的旅游出游地。两岸“三通”（通邮、通商、通航）以来，台湾地区与大陆的经贸合作及观光旅行更加频繁。了解港澳台地区的民俗礼仪，能够更好地提高相关航线的服务质量。

一、香港

（一）概况

香港位于中国东南海岸，地处珠江口之东，与广东省的深圳市毗邻。香港包括香港岛、九龙和新界，总面积 1104 平方千米。香港自古以来为中国的领土，1840 年鸦片战争后陆续被英国占领。根据 1984 年 12 月 19 日签署的《中英关于香港问题的联合声明》，两国政府于 1997 年 7 月 1 日举行了香港政权交接仪式，宣告中国对香港恢复行使主权，从而实现了长期以来中国人民收回香港的共同愿望。同日，中华人民共和国香港特别行政区正式成立，1990 年 4 月由第七届全国人民代表大会第三次会议通过的《香港特别行政区基本法》也开始实施。

（二）宗教信仰

香港人信仰不同的宗教。佛教、道教、基督教、天主教、伊斯兰教、印度教、锡克教和犹太教都拥有不少信众。佛教和道教是中国的传统宗教，在香港拥有大批信众。香港有华人庙宇 600 多所，佛教的主要节日为农历四月初八的佛诞日。另外，保佑渔民和海员的天后娘娘信众甚多，而“黄大仙”是香港的民间神。

（三）主要习俗和禁忌

香港绝大多数家庭恪守粤式传统饮食方式。香港人相约饮茶时常相互斟茶以示客气，受斟者用食、中指轻敲杯旁桌面致谢。宴请时穿着清洁整齐，客人要待主人说“起筷”才开始进食。喝酒进食时应先谢女主人。用餐时手不能横抬、枕桌，不能“飞象过河”（取远处的菜），不能“美人照”（将碟子拿起取菜），喝汤时不能出声，不能剩菜。上鱼时鱼头应对着客人，吃鱼时不能反转鱼。

称呼上，对中老年妇女忌称“伯母”（音同“百无”）。春节时，祝词不能讲“新年快乐”（音同“快落”，不吉利）。

二、澳门

（一）概况

澳门位于广东省珠江口西岸，与香港相距 40 海里，包括澳门半岛、路环岛等。根据《中葡关于澳门问题的联合声明》，1999 年 12 月 20 日，两国政府如期举行了澳门政权交接仪式，中国对澳门恢复行使主权。同日，澳门特别行政区宣告正式成立，1993 年 3 月第八届全国人民代表大会第一次会议通过的《澳门特别行政区基本法》也开始实施。

（二）宗教信仰

澳门居民主要信仰佛教、道教、天主教、基督教等。澳门人崇拜观音和妈祖，其代表建筑有明朝成化年间由闽商兴建的妈祖阁。

（三）主要习俗

澳门的风俗与广东、香港风俗相似，土生葡萄牙人大多仍保留欧洲的生活方式。澳门是世界著名赌城之一，博彩业是澳门的支柱产业。

三、台湾

（一）概况

台湾位于我国大陆东南的海域，东临太平洋，西隔台湾海峡与福建省相望。台湾包括本岛、临近属岛和澎湖列岛等大小 80 多个岛屿，总面积 3.6 万平方千米。台湾古称“夷洲”“琉球”。

（二）宗教信仰

佛教与道教为台湾两大宗教，其他宗教也拥有不少的信众，如基督教、天主教、伊斯兰教。台湾民众普遍祭拜妈祖、土地公、关公、城隍等神祇。如今，佛教、道教等宗教和儒家学说在台湾的区分已经非常模糊，它们相互影响、相互融合而成为多神教，在寺庙中各种不同宗教的神灵被共同祭祀也是常见的事。然而，在原住民部落则普遍信仰基督教。

（三）禁忌

台湾地区居民禁以手巾、扇子、剪刀、雨伞、镜子、钟、甜果和粽子赠人。

情景模拟训练

2011 年 2 月 2 日星期六，中国东方航空公司 MU8045 航班于 14:00 起飞，自上海飞往香港。机上乘客主要是来内地旅游的香港、澳门旅客。另外，还有台湾的商务旅客和内地赴港的游客。请以三至四人为一小组，根据本次航班旅客组成情况，为机组客舱乘务员准备服务手册。

提示：根据乘客实际情况，客舱乘务员应从语言称谓、仪态礼仪、宗教信仰及配餐服务等方面对不同旅客进行有针对性的服务。

第五节　我国部分少数民族的风俗礼仪

一、满族

（一）概况

满族散居中国各地，多居住在辽宁，其他散居在吉林、黑龙江、河北、内蒙古等省区和北京、天津等城市，呈现出大分散中有小聚居的分布特点。2000 年人口普查时，人口约为 1068 万。

（二）礼仪与禁忌

（1）满族人孝敬长辈，注重礼节。敬客、重客是满族传统的礼仪。

（2）忌坐西炕，禁杀狗、吃狗肉、服狗皮，忌打喜鹊和乌鸦。

二、朝鲜族

（一）概况

朝鲜族主要分布在黑龙江、吉林、辽宁三省，2000 年人口普查时，人口约为 192.38 万。朝鲜族有自己的语言朝鲜语，文字为朝鲜族的方块文字。

（二）礼仪与禁忌

（1）朝鲜族人非常尊重老人，父母诞生六十周年这一天，子女们要为老人举办“花甲宴”。

（2）严禁同宗、表亲通婚。不喜食羊、鸭、鹅及油腻食物，喜食狗肉，尤喜狗肉汤，但婚礼、葬礼禁止杀狗、食狗肉。忌讳人称“鲜族”。

三、蒙古族

（一）概况

蒙古族现主要分布在内蒙古自治区，其余分布在新疆、青海、甘肃、辽宁、吉林、黑龙江等省。2000年人口普查时，人口约为581.3万。蒙古族有自己的语言蒙古语。蒙古族早期信仰萨满教，元代以后普遍信仰藏传佛教。

（二）礼仪与禁忌

（1）献哈达是蒙古族的一项高贵见面礼节。款待行路人（不论认识与否）是蒙古族的传统美德，但到蒙古族人家里做客必须敬重主人。

（2）蒙古族崇拜火神和灶神，忌在火炉上烤脚，更不许在火炉旁烤湿靴子和鞋子。不能用刀子挑火或将刀子插入火中，不用刀子从锅中取肉。忌讳在河流中洗手或沐浴。蒙古族妇女生孩子不让外人进产房。蒙古族忌讳生人用手摸小孩的头部。

四、回族

（一）概况

回族主要聚居于宁夏回族自治区，在甘肃、新疆、青海、河北以及河南、云南、山东也有不少聚居区。2000年人口普查时，人口约为982万，是中国少数民族中人口较多的民族之一。回族通用汉语，也学阿拉伯语和波斯语，多信仰伊斯兰教。

（二）礼仪与禁忌

（1）回族是一个非常好客而热情的民族，有着“持家从俭，待客要丰”的优良传统。

（2）回族人忌食猪肉、狗肉、马肉、驴肉和骡肉，不吃未经信仰伊斯兰教者宰杀的和自死的畜禽肉，不吃动物的血等。忌讳别人在自己家里吸烟、喝酒。禁用食物开玩笑，也不能用禁食的东西做比喻。

五、维吾尔族

（一）概况

新疆的维吾尔族主要分布在天山以南的和田、喀什、阿克苏三个地区。2003年统计，人口约为882.35万。维吾尔族有自己的语言维吾尔语，文字为以阿拉伯字母为基础的维吾尔文，维吾尔族信仰伊斯兰教。

（二）礼仪与禁忌

（1）维吾尔族见面时必道“萨拉姆”。维吾尔族待客和做客都有讲究。

（2）维吾尔族信仰伊斯兰教，禁食猪肉、动物血和已死的畜禽。在衣着方面，忌短小，上衣一般要过膝，裤腿达脚面。最忌户外着短裤。屋内就座时要跪坐，禁忌双腿直伸，脚朝人。接受物品时要用双手，忌用单手。

六、藏族

（一）概况

藏族主要分布在西藏自治区以及青海、甘肃、四川、云南等邻近省。2000 年人口普查时，人口约为 541.6 万。藏族通用语言为藏语，有自己的文字藏文。藏族大多信仰藏传佛教。

（二）礼仪与禁忌

（1）在见面打招呼的时候，藏族人爱点头吐舌头表示亲切问候，受礼者应微笑点头为礼。献哈达是藏族待客规格最高的一种礼仪，表示对客人热烈的欢迎和诚挚的敬意。

（2）在藏族人家做客时，进入帐篷后，男的坐左边，女的坐右边，不得混杂而坐。就座时要盘腿端坐，不能双腿伸直，脚底朝人，不能东张西望。接受礼品时，要双手去接。赠送礼品时，要躬腰双手高举过头。敬茶、酒、烟时，要双手奉上，手指不能放进碗口。吃饭时，要食不满口，咬不出声，喝不出响。忌在别人背后吐唾沫、拍手掌，忌用手触摸头顶。行路遇到寺院、玛尼堆、佛塔等宗教设施，必须从左往右绕行，信仰原始苯教的则从右边绕行。不得跨越法器、火盆，经筒、经轮不得逆转。

七、傣族

（一）概况

傣族主要聚居在云南省西双版纳傣族自治州、德宏傣族景颇族自治州和耿马、孟连、景谷、新平、金平、元江、双江等地，现有人口 100 多万。傣族通用语言为傣语，文字有西双版纳泰文和德宏泰文等。居住在德宏地区的傣族普遍信仰小乘佛教。

（二）礼仪与禁忌

（1）傣族人见面一般行合十礼。

（2）傣族寨子在祭祀寨神时，外人不能进寨。进佛寺必须脱鞋，看见佛爷必须跪拜。走路时不能踩着佛爷、和尚的影子，不能摸他们肩膀以上的部位。在佛寺询问物件，只能嘴说，不能手指。妇女在经期或刚生过小孩时不能进佛寺。到傣家的竹楼上，进门要脱鞋，不能坐在火塘上方及跨过火塘，更不能移动支锅的三脚架。不能坐门槛。傣家竹楼室内一般有三或四根柱子，中间靠近火塘的那根柱子是傣家的“顶天柱”，不能靠或挂东西。

八、白族

（一）概况

白族主要分布在云南省大理白族自治州，丽江、碧江、保山、南华、元江、昆明、安宁、毕节、凉山、桑植等地亦有分布。2000 年人口普查时，人口约为 185.8 万。白族使用白语。白族崇拜相当于村社神的本主，信仰佛教。

（二）礼仪与禁忌

（1）白族人性格外向、好客、尊老爱幼。

（2）白族人家的火塘是个神圣的地方，忌讳向火塘内吐口水，禁止从火塘上跨过。白族人家的门槛不能坐人。男人所用的工具，妇女不能从上面跨过。纳西白族禁止在河里洗尿布，禁止向河里扔废物或倒垃圾，禁止向河里吐口水，禁止堵塞水源。忌在水塘边砍树。忌在长辈面前说丑话、脏话，忌外人闯入产妇房间，忌孕妇进入新房。访友或探望病人，不要在上午，以下午和晚间为宜。年节或正月初一这天，不能到别家串门。斟茶只能斟半杯，喝完再续，将茶斟满端给客人被视为不礼貌。

九、苗族

（一）概况

苗族主要分布在贵州、湖南、云南、湖北、海南、广西等省（区）。

2000 年人口普查时，人口约为 894 万。苗族有自己的语言苗语。苗族有自然崇拜、图腾崇拜、祖先崇拜等原始宗教形式，也有一些苗族信奉基督教、天主教。

（二）礼仪与禁忌

(1) 苗族尊老重礼，热情待客。

(2) 不能用脚踩火炕上的三脚架。不许在家或夜间吹口哨。不能拍了灰吃火烤的糍粑。嬉闹时不许用带捆苗家人。遇门上悬挂草帽、树枝或婚丧祭日，不要进屋。路遇新婚夫妇，不要从中间穿过。产妇生育，忌外人入室。不慎误入者，出门时须洗脚，并喝下一碗冷水，以防将产妇的奶水“踩干”。

苗族地区，在山上饮生水忌直接饮用，须先打草标，以示杀死病鬼。忌动他人放于路边的衣物，以免传染麻风病。忌孩子在家中乱耍小弓箭，恐射中祖先。忌跨小孩头顶，怕孩子长不高。忌妇女与长辈同坐一条长凳。

十、壮族

（一）概况

壮族主要分布在广西、云南、广东、湖南、贵州、四川等省区，以广西最多。2000 年人口普查时，人口约为 1617.8 万，是少数民族中人口最多的民族。壮族有自己的语言壮语，属汉藏语系壮侗语族壮傣语支。壮族普遍崇拜祖先，各家都有神龛敬奉祖先。不少地区有巫公、巫婆进行占卦等。壮族相信万物都有灵。

（二）礼仪与禁忌

(1) 壮族是个好客的民族，见面实行握手礼仪。

(2) 壮族忌吃牛肉和蛙肉。妇女生孩子的头三天（有的是头七天）忌讳外人入内。忌讳生孩子尚未满月的妇女到家里串门。壮族忌讳戴着斗笠和扛着锄头或其他农具的人进入自己家中。

十一、土家族

（一）概况

土家族主要聚居于湖南、湖北、四川三省毗连地区。土家族有自己的语言土家语。主要迷信鬼神，崇拜祖先。有的地方信仰道教，崇拜白虎，土家族自称是“白虎之后”。

（二）礼仪与禁忌

（1）土家族同胞以好客闻名。男女多经对歌相爱结婚。有“哭嫁”的习俗。

（2）禁食狗肉。忌随意移动火炕上的三脚架。忌用脚踩踏锅灶或坐在灶上。忌将衣裤、鞋袜和其他脏物放在灶上。客人不能与少妇坐在一起，但可以与姑娘坐在一条长凳上。忌在家里吹口哨或随意敲锣打鼓。

十二、彝族

（一）概况

彝族主要分布在云南、四川、贵州三省和广西壮族自治区的西北部。彝族历史悠久，文化丰富多彩。

（二）礼仪与禁忌

（1）彝族人十分好客，热情劝客人饮酒。凡是到彝家做客，主人都要拿出酒来，相对举杯，席地而坐，一边倾心相谈，一边劝酒说：“地上没有走不通的路，江河没有流不走的水，彝家没有错喝的酒。喝吧，尽情地喝！”直到客人醉倒了方不再劝。每逢过年过节，彝家的阿妹子（姑娘、妇女）就抱着一坛酒，插上几枝锦竹秆或麦秆，站在家门口的路边上。凡是来往行人都被邀请从罐里饮酒。

（2）彝族人最恨别人叫他们“老彝胞”和“蛮子”，认为这种称呼是对他们最大的污辱。到彝家做客，要坐在锅庄（即火塘）的上方或右方，不能坐在堆放东西和睡觉的下方和左方。忌用脚踏在锅庄上，更不准从锅庄上和堆放的柴上跳过。彝族一般都用酒肉盛情款待客人。他们给你东西吃，你必须吃，即使不会喝酒也要少喝一点，表示谢意，不然就会认为你看不起他们。彝家给你吃的东西，不准带走，否则就会说你不讲义气。

参考资料

专著：

田晓娜主编，《礼仪全书》，中国人民大学出版社，2006.

孙为主编，《中国应用礼仪大全》，上海文化出版社，2006.

李莉主编，《实用礼仪教程》，中国人民大学出版社，2002.

网络资源：

社交礼仪网：http://www.eexb.com/。

中国社交礼仪网：http://www.shejiaowang.com.cn/。

中华礼仪网：http://www.zhlyw.net。